1 Vorüberlegungen

W0323088

Max Frischs Werk hat erfahrungsgemäß auf junge Menschen eine besondere Anziehungskraft, und zwar aus zwei Gründen. Einmal ist das Identitätsproblem, das ja im Mittelpunkt seines Werkes steht, für den Heranwachsenden von existentieller Bedeutung. Aufs engste mit der Selbstfindung verknüpft ist ferner die Beziehung zum Du, im weiteren Sinne zur Gesellschaft überhaupt. Diese Verschränkung zweier Problembereiche bewirkt, daß die Liebes- und Eheproblematik in Frischs Werk, von der man annehmen sollte, daß sie Leser mit einer gewissen Reife voraussetzt, gerade junge Menschen anspricht, die dadurch ihren Erfahrungshorizont erweitern, worin m. E. eine wichtige Aufgabe der Literatur überhaupt besteht. Dazu kommt, daß Frisch Zeitgenosse ist[1] und die Welt, die er darstellt, unsere Welt ist mit ihren Problemen und Fragen, die er aufzeigt, ohne sogleich eine fertige Lösung anzubieten. Diese Offenheit bedeutet jedoch keine Beliebigkeit, sondern sie impliziert eine humane Grundhaltung, die Frischs gesamtem Werk zugrunde liegt. Antworten wären nur innerhalb eines solchen Horizonts zu suchen und zu finden.

Frisch ist jedoch nicht nur Zeitgenosse, der aktuelle Probleme behandelt, sondern er steht mit seiner Problematik auch in einer geistesgeschichtlichen Tradition, die sich bis zum Humanismus hin zurückverfolgen läßt. Nicht umsonst beruft er sich in seinem letzten Werk *Montauk* auf Montaigne, der als erster die radikale Frage nach Wesen und Wirklichkeit des modernen Ich stellte. Von Beginn der Neuzeit an läßt sich die Frage nach der Identität des Ich durch verschiedene Stationen hin verfolgen. Innerhalb der deutschen Geistesgeschichte, die – im europäischen Maßstab gesehen – dieses Problem mit einer gewissen Verspätung aufgreift, ist es vor allem der Pietismus, der zur Entdeckung und zum Bewußtsein einer eigenen Individualität beigetragen hat. Es ist hier nicht der Ort, diese Entwicklung im einzelnen darzustellen, die im literarischen Bereich zur Entstehung und zur beherrschenden Stellung des Bildungsromans führte. „... mich selbst, ganz wie ich da bin, auszubilden, das war dunkel von Jugend auf mein Wunsch und meine Absicht", heißt es im *Wilhelm Meister*[2].

Insofern könnte man *Stiller* durchaus ans Ende einer Unterrichtsreihe über den deutschen Bildungsroman stellen. Allerdings zeigt gerade das Beispiel des *Wilhelm Meister*, wie weit wir von dieser inneren Sicherheit, die in der Selbstfindung ihre einzige Aufgabe sieht, entfernt sind, einer Sicherheit, die bereits in der Romantik – etwa im Motiv des Doppelgängers – in Frage gestellt wird. Insofern gilt es, auch die historische Distanz herauszuarbeiten, in der wir zur deutschen Klassik und ihren Nachfolgern stehen.

Das Problem der Identität innerhalb einer Gesellschaft, die den einzelnen durch Rollenerwartung und Rollenzwang einengt und festlegt, hat ebenfalls eine Tradition im deutschen Roman, man denke nur an Fontanes *Effi Briest* und an Thomas Manns *Buddenbrooks.* Seine Wandlung und Zuspitzung bis etwa zu Martin Walsers *Halbzeit* hin ließe sich in einer weiteren Unterrichtsreihe aufzeigen.

Ein dritter Aspekt schließlich, der den *Stiller* in didaktischer Hinsicht als eine wichtige Lektüre erscheinen läßt, ist formaler Art. Seiner Struktur nach ist *Stiller* ein Werk, das viele Charakteristika des modernen Romans aufweist. Die Auflösung der Handlung, ihre Zersplitterung in viele Mosaiksteinchen, aus denen sich der Leser ein Bild machen muß, das gleichzeitig immer wieder in Frage gestellt wird, die komplizierte Zeitstruktur, die durchgehende Perspektivierung der Figuren an Stelle eines allwissenden Erzählers –, all dies sind Elemente, die diesen Roman als modern ausweisen. So läßt sich hier exemplarisch aufzeigen, mit welch kompositorischen Mitteln der Romanautor heute versucht, eine immer komplizierter werdende Welt darzustellen. Diese artistische Form verbindet sich jedoch mit einer Kriminalstory, die zunächst das unmittelbare Interesse des naiven Lesers weckt und Spannung erzeugt. Es ist eine lohnende didaktische Aufgabe, diese Gleichzeitigkeit von spannender Handlung und artistischer Form bewußtzumachen. Hier läßt sich dem Schüler zeigen, daß auch anspruchsvolle Literatur durchaus nicht langweilig sein muß.

Von besonderem Reiz im *Stiller* sind die Geschichten, in denen der Titelheld seinen Gesprächspartnern gegenüber seine inneren Erfahrungen parabolisch ausdrückt. Diese Parabeln müssen zum Kontext in Beziehung gesetzt und entschlüsselt werden. Damit wird eine Aktivierung des Lesers gefordert, die für die moderne Literatur überhaupt typisch ist. Der Leser wird gleichsam zum integralen Bestandteil des Romans. Daß die Entschlüsselung parabolischer Geschichten nicht zu eindeutigen Ergebnissen führt, ist eine wichtige Erfahrung für den jungen Leser; er erkennt die Notwendigkeit einer parabolischen Form, die gerade daraus erwächst, daß hier Dinge im Gleichnis ausgedrückt werden, die anders nicht ausgesprochen werden können. Daraus ergibt sich eine gewisse Mehrdeutigkeit, die jedoch keinen Mangel im ästhetischen Sinn darstellt; vielmehr ist Multivalenz ein Kennzeichen für die Ästhetizität des Kunstwerks.[3]

All diese Gründe mögen es rechtfertigen, ein Werk wie *Stiller* für die Schule zu empfehlen, das bisher neben dem oft behandelten *Homo faber* und den bekannten Stücken *Biedermann und die Brandstifter* und *Andorra* im Unterricht wenig Beachtung gefunden hat. Mit der Einbeziehung des *Stiller* in den Unterricht ergibt sich die Möglichkeit, Frischs episches Werk in seinen wichtigsten Stationen zu verfolgen, also den Akzent etwas von den Stücken weg auf die Romane zu verschieben. *Stiller*, *Homo faber* und *Mein Name sei Gantenbein* bilden von ihrer Problematik her eine künstlerische Einheit, wobei *Gantenbein* einen gewissen Höhe- und Endpunkt darstellt, was Frisch wohl veranlaßt haben mag, in *Montauk* einen anderen Weg einzuschlagen. Eine solche Behandlung von Frischs epischem Werk setzt allerdings Schüler voraus, die sowohl ihrer Altersstufe – Sekundarstufe II – als auch ihrer künstlerischen Sensibilität nach besonders aufgeschlossen sind.

Welcher Aspekt bei der Interpretation des *Stiller* besonders betont wird, hängt natürlich nicht nur von der pädagogischen Situation ab, sondern auch von dem Zusammenhang, in den dieses Werk gestellt wird. Auswahl und Akzentuierung sind Lehrenden und Lernenden je nach Situation und Aufgabe selbst überlassen. Die folgenden Ausführungen wollen ihnen dabei Anregungen und Hilfe geben. Dem Studenten im Proseminar will diese Interpretation zwar nicht den Umgang mit der wissenschaftlichen Literatur abnehmen, aber ihn dadurch erleichtern, daß zahlreiche Ergebnisse der Sekundärliteratur darin eingearbeitet sind, so daß er sich ein erstes Bild davon machen kann. Darüber hinaus findet er hier manches, was in der Sekundärliteratur bisher nicht oder nicht so ausführlich behandelt worden ist, z. B. bei der Erörterung der Motivstruktur oder der Sprache. Wenn der Untersuchung der formalen Gestaltung vielleicht ein etwas größeres Gewicht beigemessen wurde als der des Gehalts, so geschah dies aus zweierlei Gründen: einmal bereitet die Analyse moderner Strukturen erfahrungsgemäß größere Schwierigkeiten als die des Gehalts, und zum andern findet der aufmerksame Leser im Buch selbst vieles von dem nicht nur dargeboten, sondern auch interpretiert, was die besondere Problematik des Buches ausmacht. Auch hier erweist sich *Stiller* als ein moderner Roman, der – nach einem Wort Thomas Manns – sich selbst interpretiert.

2 Gehaltliche Interpretation

2.1 Das Problem der Identität

„Ich bin nicht Stiller." Mit diesen Worten beginnt das Buch, sie schlagen zugleich das Hauptthema des gesamten Romans an. Jemand will nicht der sein, für den ihn die anderen halten, er bestreitet seine Identität. Der Anfang ist komisch und spannend zugleich: ein Reisender mit einem amerikanischen Paß, ausgestellt auf den Namen James Larkin White, wird für den verschollenen Schweizer Bildhauer Anatol Stiller gehalten; er wird verhaftet, nachdem er dem jungen Zöllner, der ihn am Ärmel gefaßt hat, eine Ohrfeige verabreicht hat, und kommt in Untersuchungshaft. Sein Verteidiger gibt ihm ein Heft voll leerer Blätter, damit er sein Leben aufzeichnen und dadurch seine Identität beweisen soll. Die Blätter enthalten jedoch weder eine eigentliche Lebensgeschichte noch ein Tagebuch im üblichen Sinne; Berichte aus Amerika wechseln mit Erlebnissen des Untersuchungsgefangenen in seinem Schweizer Gefängnis, Protokolle von Erzählungen anderer Personen über den verschollenen Stiller stehen neben persönlichen Reflexionen, Träumen und eingeschobenen Geschichten. Erst allmählich gewinnt der Leser ein – wenn auch nicht eindeutiges – Bild des Tagebuchschreibers, der mit ihm ein Vexierspiel treibt. Heißt es zu Anfang: „Ich bin nicht Stiller", so sagt er wenig später zu seinem Verteidiger: „Natürlich bin ich Stiller" (36) und kurze Zeit darauf: „Ich bin nicht ihr Stiller" (49). Der Untersuchungsgefangene wird mit den verschiedensten Menschen konfrontiert, die alle in ihm den verschollenen Stiller sehen: Frau Julika Stiller-Tschudy wird aus Paris geholt, er wird seinen früheren Freunden und Kritikern, dem Bruder und dem Stiefvater, der Militärbehörde und dem Zahnarzt sowie der Frau des Staatsanwalts, mit der der Verschollene ein Liebesverhältnis hatte, gegenübergestellt. Im 7. Heft seiner Aufzeichnungen spricht er zwar in Ich-Form von früheren Erlebnissen Stillers (334ff.), aber er weigert sich bis zuletzt, mit ihm identisch zu sein. Nach einem Lokaltermin in Stillers Atelier, wo der Gefangene sämtliche Werke des Bildhauers zertrümmert, kommt es zum

Prozeß, und er wird buchstäblich dazu verurteilt, er selbst, nämlich Anatol Ludwig Stiller, zu sein. Ein Verdacht, der Verschollene habe mit einer Spionageaffäre zu tun gehabt, läßt sich leicht widerlegen; dieses Motiv hat eigentlich nur die Handlung in Bewegung gebracht und nimmt keinen großen Raum im Roman ein. Dagegen muß man sich fragen, warum der Tagebuchschreiber nicht mit sich selbst identisch sein will und was er überhaupt unter Identität versteht. Warum verleugnet er sich selbst und seine Vergangenheit bis zur Lächerlichkeit? Die Beantwortung dieser Frage enthüllt sich dem Leser erst allmählich aus der Darstellung dieser Vergangenheit sowie aus Reflexionen des Tagebuchschreibers über das Problem der Identität.[4]

Geht es zunächst – vordergründig – um die Frage, ob der Tagebuchschreiber nun der gesuchte Anatol Stiller ist oder ein Amerikaner namens White, so wird im Laufe der Lektüre immer deutlicher, daß Identität hier mehr meint als nur den Namen, der in einem Reisepaß steht. Dem Verteidiger, der sich nur auf äußere Fakten stützt und den Untersuchungshäftling mittels eines Fotoalbums zu überführen sucht, versucht es Stiller so zu erklären: „Herr Doktor ..., es hängt alles davon ab, was wir unter Leben verstehen! Ein wirkliches Leben, ein Leben, das sich in etwas Lebendigem ablagert, nicht bloß in einem vergilbten Album ... Daß ein Leben ein wirkliches Leben gewesen ist, es ist schwer zu sagen, worauf es ankommt. Ich nenne es Wirklichkeit, doch was heißt das! Sie können auch sagen: daß einer mit sich selbst identisch wird" (65 f.). Das Gefühl, kein solches wirkliches Leben geführt zu haben, treibt Stiller zur Flucht und zur Rückkehr in der Rolle eines Fremden, eines Mr. White, d.h., er möchte, daß seine Vergangenheit ein weißes, unbeschriebenes Blatt sei. Er flieht vor sich selbst, vor seinem früheren Leben, aber er erkennt auch: „... das Versagen in unserem Leben läßt sich nicht begraben, und solange ich's versuche, komme ich aus dem Versagen nicht heraus, es gibt keine Flucht" (241).

2.1.1
– als psychologisches Problem

Stiller fühlt sich als einer, der versagt hat, er will eine Vergangenheit abschütteln, die für ihn voll negativer Erinnerungen ist. Sein Versagen empfindet er in dreifacher Hinsicht: als Kämpfer, als

Liebender, als Künstler. Als Kämpfer hat er in Spanien versagt, wo er – halb aus Idealismus, halb aus Abenteuerlust – als Freiwilliger am Bürgerkrieg teilgenommen hat. Daß er nicht auf die Feinde geschossen hat, obwohl er den Befehl und die Möglichkeit dazu hatte, kann er sich selber nie verzeihen. Von diesem Erlebnis kommt er innerlich nicht los, es wird in einer Gesellschaft erzählt, in der er seine spätere Frau Julika kennenlernt, und ebenso erzählt er es später Sibylle, als sie ihn zum ersten Mal in seinem Atelier besucht. Während Julika gar nicht versteht, welche Bedeutung dieses Erlebnis für ihn hat, macht ihn Sibylle darauf aufmerksam, daß er etwas auf sich genommen habe, was seinem Wesen gar nicht entsprach. „Wer verlangt von dir, daß du ein Kämpfer bist, ein Krieger, einer, der schießen kann?" (269) fragt sie ihn. Sie sieht, daß Stiller sich selbst überfordert hat, daß er schon damals etwas anderes sein wollte, als er eigentlich war. „Er leidet an der klassischen Minderwertigkeitsangst aus übertriebener Anforderung an sich selbst" (252), so beschreibt der Tagebuchschreiber im Rückblick den verschollenen Stiller. Die „Niederlage in Spanien", als die Stiller dieses Erlebnis immer wieder bezeichnet, ist einer der Hauptgründe für seine Minderwertigkeitskomplexe.

Natürlich betreffen diese Komplexe auch den erotischen Bereich, und den immer wiederkehrenden Traum vom Gewehr, das nicht losgeht – eine Reminiszenz an das Spanienerlebnis –, deutet Stiller selbst als „typische(n) Traum der Impotenz" (269).

Zwar ist Stiller nicht impotent, aber es gelingt ihm nicht, eine dauerhafte Bindung zu einer Frau zu finden. Die Ehe mit seiner Frau Julika wird für ihn zur Bewährungsprobe, an der er scheitert. Seine Schuldgefühle werden dadurch verstärkt, daß Julika krank wird und in ein Sanatorium nach Davos gehen muß. Zwar hat er inzwischen in Sibylle eine Frau kennengelernt, deren heitere, offene Art ihm eine weniger problemgeladene Beziehung und Bindung möglich erscheinen läßt. Jedoch ist sein Verhältnis zu ihr wiederum durch seine Schuldgefühle gegenüber Julika belastet, und so wird sein Versagen als Liebender zum weiteren Anlaß seiner Flucht nach Amerika.

Der dritte Punkt, in dem er sich als Versager fühlt, ist sein Beruf, die Bildhauerei; ob zu Recht oder nicht, kann aus dem Text nicht eindeutig erschlossen werden. „Mr. White" schreibt darüber: „Wie begabt er nun eigentlich war, ihr verschollener Stiller, darüber gingen die Meinungen offenbar von Anfang an auseinander, und es gab Leute, die ihn nie für einen Künstler hielten" (91). Sibylle dagegen ist beim Blättern in seinem Skizzenbuch „bestürzt im Gefühl, sich in einen Meister verliebt zu haben" (263), auch wird in Paris eine Ausstellung seiner Werke veranstaltet. Da der Leser alles nur durch die Perspektive des Tagebuchschreibers vermittelt bekommt, ist ein endgültiges Urteil darüber nicht möglich.[5] Stiller selbst jedenfalls glaubt, in der Kunst versagt zu haben, und zerschlägt ja auch, heimgekehrt, bei einem Lokaltermin alle seine Werke. Allerdings darf man in dieser Handlung nicht nur eine Auseinandersetzung mit seiner Kunst sehen, er versucht vielmehr ein letztes Mal, seine Vergangenheit zu zerschlagen, um von ihr frei zu werden. „Die letzte große Szene im Atelier des Verschollenen zeigt bildhaft den Versuch, diese falsche und doch so mächtige Vergangenheit ungeschehen zu machen, sie zu zerstören, sie ‚kurz und klein zu schlagen' wie das Gips-Zeug, die Bronzen und Sacktuchmumien ..."[6]

War das Gefühl, in dreifacher Hinsicht versagt zu haben, der Grund für Stillers Flucht nach Amerika, so fragen wir uns, ob es ihm dort gelungen ist, sich ein neues Leben und eine neue Identität mit sich selbst aufzubauen. Dem naiven Wärter Knobel gegenüber, der seine Erzählungen staunend und gläubig anhört, zeichnet er ein Gegenbild: einen skrupellosen und erfolgreichen Mann, der sich ohne Hemmungen nimmt, was er haben möchte, der Glück bei den Frauen hat und wie ein Western-Held seine Nebenbuhler niederschießt: „Liebst du mich oder liebst du ihn? ... Und Schuß. Und kein Wort mehr von Joe" (52).

Die Wirklichkeit seines Amerikaaufenthaltes hat offenbar anders ausgesehen. Wenn man auch nur wenig über Stillers Leben dort erfährt, so wird doch deutlich, daß er seine Vergangenheit, insbesondere seine Schuldgefühle gegenüber seiner Frau, auch hier nicht abschütteln kann. Sinnbild dieser Bindung an die Vergangenheit ist die Geschichte von der Katze, die leitmotivisch das Tagebuch durchzieht.[7] Er wird die Katze, die er einmal als „Vorbote(n)" bezeichnet (61) und die er innerlich mit seiner Frau in Beziehung setzt (339), ebensowenig los wie seine Vergangenheit. Auch in der fremden Umgebung kann er sich nicht aus seiner Identitätsproblematik lösen, sie bestimmt auch sein dortiges Leben. Dies geht aus Beobachtungen hervor, die er bei anderen macht. In einem Negergottesdienst sieht er vor sich „einen braunen, ziemlich hellen und sehr schönen Mädchenhals mit einer Unmenge von weißem Puder darauf“ (193). Er kommentiert dies folgendermaßen: „Ach, diese Sehnsucht, weiß zu sein, und diese Sehnsucht, glattes Haar zu haben, und diese lebenslängliche Bemühung, anders zu sein, als man erschaffen ist, diese große Schwierigkeit, sich selbst einmal anzunehmen, ich kannte sie und sah nur eine eigene Not einmal von außen, sah die Absurdität unserer Sehnsucht, anders sein zu wollen, als man ist!“ (ebd).

Den letzten verzweifelten Schritt, damit zu brechen, stellt der Selbstmordversuch dar, den Stiller zwei Jahre vor seiner Rückkehr in die Schweiz unternimmt. Es ist der Versuch, „ein Leben, das nie eines gewesen war“ (381), von sich zu werfen. Der Schmerz und der Schrecken, die hinterher einsetzen, zeigen ihm, daß er lebt; er nennt dieses Erlebnis seinen „Engel“. Nun will er so leben, „daß ein wirklicher Tod zustandekommt“ (381), das heißt, daß er mit sich selbst identisch wird. Stiller kann über dieses Erlebnis nur in Andeutungen berichten, es ist „nicht verbalisierbar, dabei ist gerade darin seine tiefste Erkenntnis über sich selbst begründet“[8]. Das Gefühl, von diesem Zeitpunkt an ein neues Leben begonnen zu haben, „die bestimmte Empfindung, jetzt erst geboren worden zu sein“ (381), ist der tiefste und eigentliche Grund, weswegen der Heimkehrer sich weigert, seinen früheren Namen wieder anzunehmen. Denn damit glitte er unweigerlich wieder in sein früheres Leben hinein, übernähme eine Rolle, in die er nicht mehr paßt. Niemand ist nämlich bereit, in ihm einen neuen, gewandelten Menschen zu sehen, jeder sucht in ihm nur die Züge des Anatol Stiller, die er von früher her kennt. Darum heißt es schon auf S. 49: „Ich bin nicht ihr Stiller ... Wozu mein Geflunker? Nur damit sie mir meine Leere lassen, meine Nichtigkeit, meine Wirklichkeit, denn es gibt keine Flucht, und was sie mir anbieten, ist Flucht, nicht Freiheit, Flucht in eine Rolle.“

2.1.2
– als soziologisches Problem: Rolle und Bildnis

Wir kommen damit zur soziologischen Seite des Identitätsproblems. Identität bedeutet für den Menschen, er selbst zu sein; in der Rolle ist er jedoch gezwungen, den Forderungen der Außenwelt zu genügen. Die Soziologie hat die Bedeutung der Rolle für den heutigen Menschen untersucht, sie sieht darin etwas vom eigentlichen Sein Ablösbares.[9] Stiller weigert sich, eine Rolle zu spielen, die die Umwelt ihm aufzwingen will und die seinem innersten Wesen widerspricht. So überlegt er: „Mit Lügen ist es ohne weiteres zu machen, ein einziges Wort, ein sogenanntes Geständnis, und ich bin ‚frei', das heißt in meinem Fall: dazu verdammt, eine Rolle zu spielen, die nichts mit mir zu tun hat" (84). Deshalb nimmt er eine fremde Rolle auf sich, die des Mr. White, und versucht, sie seiner Umwelt gegenüber durchzuhalten; aber der einzige, der sie ihm glaubt, ist der biedere Wärter Knobel, vor dem er die Rolle des Westernhelden spielt. Ja, selbst wenn er beim Schreiben mit sich allein ist, entgeht er der Rolle nicht. So fragt er sich: „Kann man schreiben, ohne eine Rolle zu spielen? Man will sich selbst ein Fremder sein. Nicht in der Rolle, wohl aber in der unbewußten Entscheidung, welche Art von Rolle ich mir zuschreibe, liegt meine Wirklichkeit" (330).[10]

Kann also Stiller der Rolle nicht einmal entgehen, wenn er allein ist, so kann er sich noch weniger derjenigen entziehen, die die Gesellschaft ihm zudiktiert. Dies wird in all den Begegnungen und Konfrontationen deutlich, die der Tagebuchschreiber schildert. Am stärksten ausgeprägt ist es in seiner Beziehung zu Julika. Verzweifelt ringt er mit ihr um eine neue Beziehung zueinander, sie sieht in ihm immer nur ihren früheren Mann und beurteilt seine Handlungsweise nach dem Bild, das sie von dem früheren Stiller hat. „Jedes Gespräch zwischen dieser Frau und mir ... ist fertig, bevor wir's anfangen, und jede Handlung, die mir jemals einfallen mag, ist schon im voraus gedeutet, meinem augenblicklichen Wesen entfremdet, indem sie in jedem Fall nur als eine angemessene oder unangemessene, eine erwartete oder unerwartete Handlung des verschollenen Stiller erscheinen wird, nie als die meine" (83). Ebenso spielen sich die übrigen Begegnungen ab, mit Freunden und Kritikern, der Militärbehörde und dem Zahnarzt, überall erlebt Stiller „das Klischee einer menschlichen Beziehung“ (242), „fix und fertig, ready for use“ (ebd). Jeder hat sich ein Bild von ihm gemacht, das er wiederzuerkennen glaubt.

Wir kommen damit zu einem Zentralproblem Frischs überhaupt, das sein Werk vom *Tagebuch 1946–1949* bis zu *Andorra* hin durchzieht, dem Bildnisproblem. Bildnis und Rolle sind eng miteinander verflochten.[11] Das Verbot des Dekalogs, sich ein Bild von Gott zu machen, wendet Frisch auf den Menschen an. Er hält es für ein „Zeichen der Nicht-Liebe ..., also Sünde, sich von seinem Nächsten oder überhaupt von einem Menschen ein fertiges Bild zu machen, zu sagen: So und so bist du ...“ (116)[12] Julika hört diesen Gedanken im Sanatorium in Davos von einem jungen Jesuiten, und sie wendet ihn sofort auf ihren Mann an. „War es nicht so, daß Stiller, ihr Mann, sich ein Bildnis von Julika machte?“ (ebd.). Tatsächlich gilt dieser Gedanke nicht nur für Stillers Umwelt, auch er selbst ist von diesem Fehler nicht frei. Nicht umsonst hat der Autor seinen Helden ausgerechnet zum Bildhauer gemacht. Als Sibylle Stiller zum ersten Mal in seinem Atelier besucht, zeigt er ihr eine Büste von seiner Frau. Es heißt da: „Es war ein Kopf auf einem langen, säulenhaften Hals, eher eine Vase als eine Frau, seltsam, und Sibylle war froh, daß keine Äußerungen von ihr erwartet wurden. ‚Ist das nicht furchtbar für deine Frau?‘ fragte sie immerhin, ‚ich fände es furchtbar, wenn du mich so in Kunst verwandeln würdest!‘“ (257) Sibylle deutet damit die negative Seite der Bildhauertätigkeit an. „Die sexuelle Symbolik kann nicht darüber hinwegtäuschen, daß damit die lebendige Beweglichkeit der Balletteuse Julika in ein totes ‚Etwas, das nur vorhanden war‘ ... verwandelt worden ist“[13]. Ebenso gewinnt der Staatsanwalt, als er Stillers Aufzeichnungen liest, „das ungeheure Gefühl, Stiller hätte sie (seine Frau) von allem Anfang an nur als Tote gesehen“ (437), und wirft die Frage auf, „ob nicht schon in dem Unterfangen, einen lebendigen Menschen abzubilden, etwas Unmenschliches liegt“ (407). Stiller verfällt also selbst in den Fehler, den er seiner Umgebung vorwirft, nämlich einen Menschen auf ein bestimmtes Bild festzulegen. Vielleicht ist dies die tiefste Ursache für das Scheitern seiner Ehe.

Während Stiller aber seine Büsten zerschlägt und den Bildhauerberuf aufgibt, worin sicherlich auch ein Versuch zu erkennen ist, sich von der „Sünde, sich von seinem Nächsten oder überhaupt von einem Menschen ein fertiges Bildnis zu machen" (116), zu lösen, wird nirgends erkennbar, daß ihm in seiner Umgebung jemand auch nur die Möglichkeit der Wandlung zugesteht. Alle finden ihn „unverändert, beinahe unverändert" (331), wie es bei dem Besuch von fünf Freunden heißt, der im 7. Heft der Aufzeichnungen geschildert wird. Diese Tatsache hindert allerdings die fünf Freunde nicht, je nach ihrer persönlichen Einstellung etwas Verschiedenes in Stiller zu sehen, sie sind „durchaus uneinig, wer Stiller gewesen ist; dennoch tun sie so, als hielten sie mich für eine und dieselbe Person" (332). Damit wird die Unhaltbarkeit eines starren Bildes, das wir uns von einem Menschen machen, ad absurdum geführt.

Der junge Jesuit deutet das Bildnis-Machen als „Zeichen der Nicht-Liebe" (116). Dem entspricht es, daß dieses Problem in der Liebesbeziehung zwischen Stiller und Sibylle erst auftritt, als die Liebe zu erlöschen beginnt. Während Sibylle am Anfang ihrer Beziehungen Stiller vor Selbstüberforderung warnt und ihn gerade so liebt, wie er ist, sagt sie ihm vor ihrer endgültigen Trennung in Pontresina: „Du wirst dich nie verändern, glaube ich, nicht einmal in deinem äußeren Leben ... Oder glaubst du denn selber, daß du je ein andrer wirst?" (300) Sie spürt selbst die Lieblosigkeit, die in dieser Frage liegt, kann sich jedoch nicht daraus lösen. Nur Rolf, ihrem Mann, gelingt später eine echte Freundschaft mit Stiller, da er ihn ja vorher nicht gekannt hat. Der Tagebuchschreiber bezeichnet ihn immer als „mein Freund und Staatsanwalt". Paradoxerweise entsteht also zwischen Untersuchungshäftling und Staatsanwalt ein Vertrauensverhältnis, das mit dem Verteidiger unmöglich ist.

Das Vorurteil, das „Klischee einer menschlichen Beziehung" (242), erwächst jedoch nicht nur aus dem subjektiven Bild, das sich jemand von einem anderen Menschen macht. Es gibt auch ein kollektives Vorurteil, vermittelt durch Literatur und Zeitschriften, durch Funk und Fernsehen. Der Tagebuchschreiber äußert sich selbst über diese Gefahr: „Wir leben in einem Zeitalter der Reproduktion. Das allermeiste in unserem persönlichen Weltbild haben wir nie mit eigenen Augen erfahren, genauer: wohl mit eigenen Augen, doch nicht an Ort und Stelle; wir sind Fernseher, Fernhörer, Fernwisser" (186). Oder an anderer Stelle: „Markt in Mexiko! Man erinnert sich an Farbfilme, und genau so ist es ..." (29) Unsere Verhaltens- und Erlebnisweisen werden durch vorgeprägte Muster bestimmt. So fragt der Staatsanwalt Stiller gleich zu Anfang ihrer Bekanntschaft, ob er ‚Anna Karenina' oder ‚Effi Briest' kenne, und vergleicht sein Verhalten mit dem der dort geschilderten betrogenen Ehemänner. Stiller wird bei seiner Einreise in die Schweiz aufgrund eines Bildes in einer Illustrierten erkannt und verhaftet. Hans Mayer weist in diesem Zusammenhang auf die Bedeutung der Illustrierten für den Roman hin und meint: „Leben und Literatur im Zeitalter der Reproduktion: das ist Max Frischs eigentliches Thema in dem Roman ‚Stiller'"[14]. Eine solche Sicht verengt das Problem allerdings und bezieht es einseitig auf die technischen und soziologischen Gegebenheiten unserer Industriegesellschaft. Reproduktion scheint mir nur *ein*, wenn auch wichtiger, Aspekt des in Rolle und Bildnis auf die Gesellschaft bezogenen Identitätsproblems zu sein. Im letzten Teil des Buches, dem „Nachwort des Staatsanwalts", treten Rolle und Bildnis zurück; die äußere Identität Stillers ist festgestellt und von ihm akzeptiert worden. Er ist „frei geworden von der Sucht, überzeugen zu wollen" (387), es besteht daher auch keine Notwendigkeit mehr für ihn, ein Tagebuch zu führen. „Sein Verstummen, wenn man es einmal so nennen will, war ja in der Tat ein wesentlicher, vielleicht sogar der entscheidende Schritt zu seiner inneren Befreiung ..." (387) Die Selbstannahme, die Stiller, wie der Berichterstatter meint, „bereits in einem beträchtlichen Grade geleistet" hat (408), kann nicht mehr von ihm selbst dargestellt werden; es ist darum nur konsequent, wenn seine letzte Entwicklung aus der Perspektive eines andern dargestellt wird.[15]

Wie der Schluß beurteilt werden soll, darüber gehen die Meinungen in der Sekundärliteratur auseinander. Werner Liersch sieht darin eine Flucht in die Konformität; „Stiller muß ‚sich annehmen' – das heißt, er kann sich nicht zu den eigenen Intentionen bekennen, sondern muß sich abfinden, muß resignieren"[16]. Jurgensen geht noch einen Schritt weiter, wenn er meint: „Stiller stirbt einen gesellschaftlichen und persönlichen Tod, ohne seine physische Existenz zu verlieren"[17]. Hans Mayer betont die Offenheit des Schlusses: „Alles bleibt offen, ungelöst, unbewältigt"[18], während Ulrich Weisstein die Möglichkeit einer „letztlichen Selbstannahme" angedeutet sieht[19].

2.1.3
– als religiöses Problem

Zur Interpretation des Schlusses müssen wir noch einen Schritt weiter gehen und die um die religiösen Grundlagen der Identität kreisenden Gespräche zwischen Rolf und Stiller betrachten. Schon vor der Gerichtsverhandlung sprechen sie über die Schwierigkeit der Selbstannahme, die „ohne die Gewißheit von einer absoluten Instanz außerhalb menschlicher Deutung“ nicht möglich sei (323), und der Tagebuchschreiber fügt hinzu: „Warum sagt er nicht ‚Gott‘?“ (324) Später sprechen sie in der Nacht nach Julikas Operation noch einmal darüber. Rolf wirft Stiller vor, den letzten Schritt, den Schritt in den Glauben, nicht gewagt zu haben: „... immer wieder hast du versucht, dich selbst anzunehmen, ohne so etwas wie Gott anzunehmen. Und nun erweist sich das als Unmöglichkeit. Er ist die Kraft, die dir helfen kann, dich wirklich anzunehmen“ (433). Die Frage der Identität enthüllt sich hier als ein religiöses Problem, mit dem Stiller als moderner, säkularisierter Mensch nicht fertig wird.

Rolfs Ausführungen enthalten, wenn auch nicht expressis verbis, so doch dem Sinne nach Gedanken des Religionsphilosophen Kierkegaard, aus dessen Schrift „Entweder – Oder“ zwei Sätze als Motti dem Buch vorangestellt sind. Auch im Text selbst wird nochmals auf diesen Bezug hingewiesen. Rolf schickt Stiller nämlich einen Band Kierkegaard „auf Grund eines Gesprächs über die Schwermut als Symptom der ästhetischen Haltung gegenüber dem Leben“ (394). Bei seinen nächtlichen Anrufen spricht Stiller häufig mit Rolf über Kierkegaard, wobei es allerdings heißt, er habe „Kierkegaard offenkundig noch kaum gelesen“ (ebd.).

Die Bedeutung und der Anteil, die Kierkegaards Gedanken für den Roman haben, werden in der Sekundärliteratur verschieden beurteilt. Schon Monika Wintsch-Spiess macht auf die Beziehung zum Werk des dänischen Religionsphilosophen aufmerksam.[20] Später hat Philip Manger die Bedeutung der Kierkegaardschen Begriffe Despair und Resignation (Verzweiflung und Resignation), Repetition (Wiederholung), Choice (Wahl) und Leap (Sprung) für den Roman bis hinein in die metaphorische Gestaltung untersucht.[21] Eine entgegengesetzte Position nimmt Hans

Mayer ein, der diesen Zusammenhang verneint und schreibt: „Das Motto des Romans ... gibt keineswegs den Schlüssel ab für das Romangeschehen und sollte durchaus nicht als Kommentar des Autors zu seinem Buch betrachtet werden. Eher wäre von einem ironischen Spannungsverhältnis zwischen Kierkegaardmotto und Romanverlauf zu sprechen"[22]. Er bezeichnet im weiteren Verlauf seiner Ausführungen sogar die „Kierkegaard-Widerlegung" als das „Grundthema des Buches"[23] und begründet dies soziologisch: die „Philosophie liberaler Kaufleute aus dem 19. Jahrhundert"[24] kann im zwanzigsten nur zur Unmenschlichkeit führen. Cunliffe wiederum nimmt gegen Hans Mayer Stellung und zieht Parallelen zwischen der Analyse der Verzweiflung in Kierkegaards „Krankheit zum Tode" und Rolfs Analyse der Verzweiflung Stillers, wobei er meint, daß „Rolf ... anscheinend mehr als nur dilettantische Kenntnis Kierkegaards besitzt"[25].

Angesichts dieser widersprüchlichen Positionen soll hier nur auf die Parallelen hingewiesen werden, die m. E. deutlich aus dem Text selbst hervorgehen, im übrigen sei auf Mangers ausführlichen und anregenden, wenn auch vielleicht nicht in allen Punkten überzeugenden Aufsatz hingewiesen.

Stiller ist zwar sicher kein philosophischer Roman in dem Sinne, daß die genaue Darstellung einer bestimmten Philosophie sein Hauptthema wäre. Jedoch sind zweifellos Gedanken des dänischen Religionsphilosophen in das Buch eingeflossen, wie ja überhaupt das Identitätsproblem seit den Tagen des Pietismus eine religiöse Färbung erhalten hat.[26] Überdies gilt Kierkegaard als einer der Väter der Existenzphilosophie, und das Identitätsproblem ist für Stiller zweifellos ein existentielles Problem. Auch gibt ja Frisch selbst diesen Hinweis durch die beiden Motti, die er dem Buch vorangestellt hat. Da, wie Manger bemerkt[27], diese beiden Textstellen bei Kierkegaard in umgekehrter Reihenfolge stehen, ist anzunehmen, daß Frisch das erste Motto auf den ersten, das zweite auf den zweiten Teil bezogen wissen wollte. Für das erste Motto ist die Beziehung leicht herzustellen; wir sehen, wie schwer es dem Heimkehrer Stiller alias White fällt, sich selbst zu wählen, wie er in der absoluten Isolation seines Gefängnisses mit der Kontinuität seiner Vergangenheit konfrontiert wird, wie für ihn die Möglichkeit, etwas anderes zu werden, unbedingt ausgeschlossen wird. Auch die Gründe für seine Verleugnung des eigenen Selbst, die aus der Einsicht in sein Versagen resultieren, finden sich ebenso bei Kierkegaard: „Wie wenn ein Vater seinen Sohn enterbt (und damit sein eigen Blut verleugnet), will sich das Selbst nicht zu sich selbst bekennen, nachdem es so schwach gewesen ist. Verzweifelt kann es diese Schwäche nicht vergessen, es haßt sich auf gewisse Art selbst, es will sich nicht gläubig unter seine Schwäche demütigen, um sich damit selbst wieder zu gewinnen, nein, es will sozusagen verzweifelt nichts von sich selbst hören, nichts von sich selbst wissen“[28]. Verzweiflung ist für Kierkegaard jedoch nicht nur eine „Krankheit zum Tode“, sie ist auch die Voraussetzung dafür, sich selbst zu wählen, was wiederum der erste Schritt zur Gewinnung der Identität ist.[29] Resignation und Verzweiflung sind eine natürliche Folge des „ästhetischen Stadiums“, auf das Rolf in dem oben erwähnten Gespräch anspielt. Dieses ästhetische Stadium dürfte bei Stiller vor seiner Flucht nach Amerika sowie in den ersten Jahren dort liegen und seinen Abschluß mit dem Selbstmordversuch gefunden haben. Wenn es heißt, daß er sich danach „einer Gnade gewiß, zum Leben entschieden hatte“ (381), so entspricht das Kierkegaards Begriff der Wahl. Stiller hat das Gefühl, ein neuer Mensch zu sein. Kierkegaard wiederum beschreibt die „Dialektik der Wahl“ folgendermaßen: „Dieses Selbst, das er solchermaßen wählt, ist unendlich konkret, denn es ist er selbst, und doch ist es absolut verschieden von seinem früheren Selbst, denn er hat es absolut gewählt. Dieses Selbst ist zuvor nicht dagewesen, denn es ist durch die Wahl geworden, und doch ist es dagewesen, denn es war ja ‚er selbst‘“[30]. Dies ist genau die Situation Stillers nach seinem Selbstmordversuch. Nachdem er das Gefühl einer „Neugeburt“ gehabt hat, macht er durch seine Rückkehr einen Schritt auf sein früheres Selbst, auf seine Vergangenheit, zu. Aber er kann seiner Umgebung seine innere Erfahrung nicht mitteilen, sie sieht in ihm nur den früheren Menschen, und so verleugnet er sich, seine Vergangenheit, seine Geschichte überhaupt, „denn diese Geschichte enthält etwas Schmerzliches, und doch ist er, der er ist, nur durch diese Geschichte“[31]. Daher muß er durch das Gericht zur Selbstannahme, zur Annahme seiner „Geschichte“ gezwungen werden. Was Stiller fürchtet, ist die Wiederholung („Meine Angst: die Wiederholung –!“, 68). Auch dies ist ein Begriff, mit dem sich Kierkegaard in seiner gleichnamigen Schrift beschäftigt hat.

Darin heißt es: „Die Dialektik der Wiederholung ist leicht. Was wiederholt wird, ist schon gewesen, sonst könnte es nicht wiederholt werden; aber eben das macht die Wiederholung zu etwas Neuem, daß das Wiederholte schon gewesen ist“[32]. Stiller erkennt, daß er der Wiederholung nicht entgehen kann: „Wiederholung! Dabei weiß ich: alles hängt davon ab, ob es gelingt, sein Leben nicht außerhalb der Wiederholung zu erwarten, sondern die Wiederholung, die ausweglose, aus freiem Willen (trotz Zwang) zu seinem Leben zu machen, indem man anerkennt: Das bin ich!“ (69) Er hofft, mit Julika trotz Wiederholung eine neue Ehe führen zu können, und muß erkennen, daß er daran scheitert. Manger zieht auch hier eine Parallele: „Both in ‚Stiller‘ and in Kierkegaard ‚Repetition‘ concerns a young man who hopes to regain a woman, but instead regains himself“[33]. Wir werden jedoch nicht Zeuge davon, daß Stiller sich selbst wiedergewinnt. Den letzten Schritt, den Sprung vom ethischen ins religiöse Stadium, zu dem Rolf ihn auffordert, vollzieht Stiller nicht. Er verfällt nach Julikas Tod in die Resignation, die diesem Stadium vorangeht; im übrigen bleibt der Schluß offen. Es wird auch nicht dargestellt, daß er um sich selbst kämpft „als um seine Seligkeit“, wie das zweite Motto sagt. Vielmehr kämpft er mit allen Kräften um Julika; hier mündet das Identitätsproblem in das Eheproblem, mit dem es auch sonst schon verknüpft ist.

2.2 Die Darstellung der Ehe

Die Darstellung der Ehe zieht sich durch alle Romane Frischs, wobei es sich meist um problematische Ehen handelt. „Das große Thema von Max Frischs Epik ist – notwendig vag ausgedrückt – die unglückliche Verbindung zweier Menschen ... Er ist, was das Verhältnis der Geschlechter betrifft, der Strindberg, ja der Hamsun unserer Tage“[34]. Während für die Männer dabei Liebe und Ehe meist mit dem Problem ihrer Identität verbunden sind – im *Stiller* und im *Homo faber* –, erscheinen die Frauen sicherer und mehr in sich selbst ruhend. Obwohl Frisch häufig berufstätige, äußerlich emanzipierte Frauen schildert, scheinen sie doch von der Krise des modernen Lebens nicht so betroffen zu sein wie die Männer.

Im *Stiller* sind es zwei Ehen, die dargestellt werden, die von Stiller und Julika und die von Rolf und Sibylle, wobei durch die Liebe zwischen Stiller und Sibylle eine Verbindung zwischen beiden Paaren hergestellt wird. Vermittelt werden die Ehe- und Liebesgeschichten durch jeweils verschiedene Erzähler, wobei der Tagebuchschreiber nur als Protokollant zu fungieren scheint. Die Besonderheit dieses Erzählens aus verschiedenen Perspektiven erlaubt es, Ereignisse, die die beiden Paare betreffen, mehrfach darzustellen, wobei Überschneidungen, Verschiebungen und Spiegelungen entstehen. Die Problematik des Zusammenlebens zweier Menschen wird durch diese Darstellung von verschiedenen Standpunkten aus besonders deutlich.

Die Ehe zwischen Stiller und Julika läßt sich zeitlich in drei Teile gliedern; der erste Teil – von ihrem Beginn bis zu Stillers Flucht nach Amerika – wird im Rückblick im zweiten Heft der „Aufzeichnungen aus dem Gefängnis“ geschildert. Den Versuch einer neuen Begegnung zwischen diesen beiden Menschen erlebt der Leser in der Gegenwartsebene, nämlich während Stillers Untersuchungshaft aus der Perspektive des Untersuchungsgefangenen, und schließlich berichtet der Staatsanwalt über die Fortsetzung dieser Ehe von Stillers Entlassung an bis zu Julikas Tod.

„Die Beziehung zwischen der schönen Julika und dem verschollenen Stiller begann mit der Nußknacker-Suite von Tschaikowsky ... und es blieb, nach Julikas jüngsten Andeutungen zu schließen, eine Nußknacker-Suite über all die Jahre ihrer Ehe“ (86). So beginnt der Tagebuchschreiber sein „Protokoll“ über das, was Julika – angeblich – über ihre Ehe mit dem Verschollenen berichtet. Damit wird sogleich ein Urteil über das Zusammenleben dieser beiden Menschen abgegeben, es wird auf das Infantile ihrer Beziehungen hingewiesen. Tatsächlich ist diese Ehe, die ja aus Liebe geschlossen wird, von Anfang an in doppelter Hinsicht belastet: durch die Frigidität Julikas einerseits wie durch Stillers Minderwertigkeitskomplexe andererseits. Ihre Schwäche bindet diese beiden Menschen aneinander. Der Tagebuchschreiber beschreibt es so: „Als Fremder hat man den Eindruck, daß diese zwei Menschen, Julika und der verschollene Stiller, auf eine unselige Weise zueinander paßten. Sie brauchten einander von ihrer Angst her. Ob zu Recht oder Unrecht, jedenfalls hatte die schöne Julika eine heimliche Angst, keine Frau zu sein. Und auch Stiller, scheint es, stand damals unter einer steten Angst, in irgendeinem Sinn nicht zu genügen; es fällt auf, wie häufig dieser Mensch sich glaubte entschuldigen zu müssen" (89). Diese Komplexe steigern sich im Laufe der Ehe; das Gefühl, Julika nicht glücklich machen zu können, verstärkt Stillers Schuldgefühle; umgekehrt verhindert seine Unsicherheit, daß Julika ihre Frigidität überwindet. Dazu kommt eine Äußerung Julikas in der ersten Nacht, die Stiller tief verletzt; er sagt, daß er sich vorkomme „wie ein öliger, verschwitzter, stinkiger Fisch mit einer kristallenen Wasserfee" (98), was seine Unsicherheit natürlich noch verstärkt. Er deutet Julikas vielleicht naturbedingte Frigidität als sein persönliches Versagen, er macht sie zu seiner „Bewährungsprobe" (147). Julika wiederum verschanzt sich hinter ihrer Müdigkeit und flüchtet sich in ihre Krankheit, die psychosomatischer Natur zu sein scheint, „eine körperliche Manifestation ihrer Unangepaßtheit an das Leben im allgemeinen und Stiller im besonderen"[35]. Tatsächlich wird sie nach Stillers Flucht gesund und tritt ihm bei seiner Rückkehr „in blühender Manier" (58) entgegen; bei dem erneuten Zusammenleben jedoch bricht die Krankheit wieder aus und führt zu ihrem Tode. Die Krankheit verstärkt nun Stillers schlechtes Gewissen ebenso wie früher die Tatsache, daß er wirtschaftlich von seiner Frau abhängig war, da er als Bildhauer nur selten etwas verdiente. Julikas Selbstgerechtigkeit, ihr Hang zum Verzeihen, ihre Verständnislosigkeit gegenüber ihrem Mann nehmen den Leser gegen sie ein, obwohl Stiller ja eine schwere Schuld auf sich lädt, da er gerade beim Ausbruch der Krankheit das Liebesverhältnis mit Sibylle beginnt und da er Julika verläßt, während sie schwerkrank in Davos liegt. Dies hängt natürlich auch mit der Art der Darstellung zusammen, die – scheinbar als Aufzeichnungen eines Fremden – jedoch die intime Kenntnis des Erzählers durchscheinen läßt. „Diese Berichte sind voll sublimer Ironie, denn obwohl Stiller sich in seinen Aufzeichnungen angeblich an das hält, was er von Julika gehört hat, entsteht ungewollt ein Bild von ihr, das sie sich in ihrer Naivität nicht hätte träumen lassen ..."[36]

Die unselige Beziehung zwischen diesen beiden Menschen findet symbolischen Ausdruck in dem immer wiederkehrenden Traum von den Wundmalen, „wobei es ... zwischen den beiden darum geht, wer das Kreuz ist und wer der Gekreuzigte" (63), beide fühlen sich als Opfer. Ein weiteres Gleichnis für seine

Situation, wie er sie sieht, gibt Stiller bei der Beschreibung eines Stierkampfes, den er mit einem Ballett vergleicht und als „Grazie gegen rohe Kraft ..., Geist gegen Natur“ deutet (260). Er identifiziert sich mit dem Stier und läßt Sibylle die Rolle des Toreros übernehmen, was sie komisch findet, während es von ihm heißt: „Stiller fand sie durchaus in Ordnung, diese Verteilung der Rollen“ (258). Während er sich hier also wiederum als Opfer sieht, bezeichnet er sich später als Mörder, und zwar nicht nur dem sensationshungrigen Knobel, sondern auch dem Staatsanwalt gegenüber, wobei er ihm im ersten Gespräch schon etwas über die Problematik seiner Ehe andeutet. In diesem Gespräch spielt der Heimkehrer auch auf die Rolle an, die die Gesellschaft für seine Ehe gespielt hat. Durch sie wurden die Spannungen nämlich nicht abgebaut, sondern verschärft, da alle Bekannten Julikas Partei ergriffen und Stiller vorwarfen, er wisse gar nicht, was für eine wunderbare Frau er habe. Der Heimkehrer drückt das ironisch so aus: „Einen so noblen, sagten alle, einen so feinen Menschen wie meine Gattin hätten sie noch nie gesehen“ (32).

Der einzige, der Julikas Haltung in ihrer Ehe kritisiert, ist der junge Jesuit in Davos, der ihr vorwirft, „... sich in einer infantilen Unschuld zu baden“ (133). Julika ist empört über diesen Vorwurf und verbittet sich diese „Einmischungen in Lebensfragen“ (134). Auch dadurch läßt sie sich nicht dazu bewegen, einmal die Schuld bei sich zu suchen, sich wenigstens zu fragen, welche Fehler sie vielleicht gemacht habe.

Diese Vergangenheit ist keine gute Grundlage für einen Neubeginn. Während Stiller aber nach seiner Heimkehr versucht, Julika als einen neuen Menschen zu sehen, kann sie sich nicht von der Vergangenheit lösen. So heißt es zunächst: „Julika, je öfter ich sie sehe, ist doch sehr anders, als ich nach dem ersten Besuch meinte“ (68), und am zweiten Kautionsnachmittag: „Das ist sie nicht! Diese Frau hat mit der öden Geschichte, die ich in den letzten Tagen einigermaßen protokolliert habe, überhaupt nichts zu tun!“ (172). Stiller löst sich also von dem Bildnis, das er sich von seiner Frau gemacht hatte, und verliebt sich aufs neue in sie; er hält ein neues, besseres Zusammenleben für möglich, wenn es gelingt, „über alles Gewesene hinaus zu einer Begegnung (zu) kommen“ (342). Gerade dies aber ist nicht möglich. Julika begreift Stillers Verwandlung nicht, „sie glaubt's einfach nicht, daß man jemand anders sein könnte als ihr verschollener Stiller." (57) Sie spricht fortwährend von der Vergangenheit; als Stiller sie nach ihrem Leben in Paris fragt, zeigt sie ihm statt einer Antwort das Zettelchen, das er ihr nach Davos geschrieben hat, sie reagiert auch in Kleinigkeiten so, wie sie in ihrer früheren Ehe reagiert hat, so wenn sie Stiller ermahnt, nicht so viel zu trinken, oder wenn sie ihm im Café ihr Portemonnaie unter den Ellbogen schiebt. Daß sie völlig unfähig ist, sich zu verwandeln, zeigt die Szene im Atelier: „Ihr Gesicht mit den ungemein schönen Augen ist unverwandelt, dermaßen unverwandelt, daß ich mich jetzt selber frage, was ich denn eigentlich erwartet habe" (377).

Da der Versuch einer neuen Begegnung mißlungen ist, ist das Scheitern im letzten Abschnitt dieser Ehe zwangsläufig. Der Berichterstatter dieses letzten Abschnittes ist der Staatsanwalt. Er äußert sich nach der Lektüre von Stillers Aufzeichnungen bestürzt über das Bild, das der Tagebuchschreiber von seiner Frau gegeben hat; „es verrät mehr über den Bildner, dünkt mich, als über die Person, die von diesem Bildnis vergewaltigt worden ist" (407). Dennoch vermag auch er nicht, dieses Bild wirklich zu revidieren. Auch er erlebt, wie wenig Julika sich mitteilen kann, auch ihm gelingt es nicht, sie aus ihrer introvertierten Haltung zu lösen. Der einzige Rat, den er Stiller geben kann, nämlich miteinander zu leben und füreinander zu beten, kommt zu spät; Julika stirbt, und Stiller, der diese Ehe zu seiner Bewährungsprobe gemacht hat, ist daran gescheitert.

Die Ehe zwischen Rolf und Sibylle ist handlungsmäßig mit der von Stiller und Julika durch die Liebe zwischen Stiller und Sibylle verbunden. Zugleich wird hier ein Gegenbild entworfen: Es sind nicht so diffizile, mit psychologischen Komplexen und ökonomischen Schwierigkeiten behaftete Menschen wie Stiller und Julika; der komplizierten Ehe zwischen Künstlern wird eine bürgerliche Ehe zwischen gesunden und erfolgreichen Menschen gegenübergestellt. Wenn es auch in dieser Ehe zu einer Krise kommt, so zeigt Frisch, daß nicht nur psychologische Gründe eine Ehe gefährden können, vielmehr zeichnet er die bürgerliche Ehe überhaupt als eine problematische Institution. Ob der Grund dafür „entfremdetes Leben im Zeitalter der Reproduktion" ist, wie Hans Mayer meint[37], bleibe dahingestellt, zum mindesten gibt Frisch selbst keinen Hinweis darauf.

Die Spannungen in Rolfs und Sibylles Ehe resultieren vor allem aus Eifersucht, einem Gefühl, das Rolf verstandesmäßig ablehnt. Er hat eine bestimmte Ehetheorie, eine „Männer-Theorie", wie Sibylle meint, „wieviel Freiheit in die Ehe einzubauen wäre" (209), und er hat von dieser Freiheit des öfteren Gebrauch gemacht. Sibylles eifersüchtige Reaktionen darauf nennt er spießbürgerlich, und so – heißt es ironisch – „war es eben eine Ehe wie viele andere, und sie machten jedes Jahr eine schöne Reise zusammen, Ägypten zum Beispiel" (208). Nun muß Rolf erfahren, daß seine Theorie ins Wanken kommt, sobald er selbst davon betroffen wird; seine rasende Eifersucht empfindet er als ein Gefühl, das unterhalb seines intellektuellen Niveaus liegt. Symbolisiert wird es durch die Geschichte von dem fleischfarbenen Stoff, mit dem Rolf seinen Ehebericht einleitet. Nach außen spielt er den gelassenen, überlegenen Ehemann, wodurch Sibylle sich innerlich immer mehr von ihm entfernt. Erst nach der zweijährigen Trennung, während der Sibylle zeigt, daß sie auch materiell unabhängig von ihrem Mann leben kann, finden die beiden Eheleute wieder zueinander, und es scheint, daß sie damit eine tiefere und dauerhaftere Bindung zueinander gefunden haben.

Die Problematik der Ehe kommt weniger durch Reflexionen oder Gespräche als vielmehr durch die Art der Darstellung zum Ausdruck. Wie schwierig die Krise zu beurteilen ist, die Rolf und Sibylle durchleben, und wie verschieden sie von den beiden Partnern durchlebt wird, zeigt die Tatsache, daß die gleichen Ereignisse von beiden verschieden dargestellt werden. Den Besuch Sibylles in Rolfs Büro etwa erleben wir einmal aus der Perspektive des Mannes, einmal aus der der Frau. „Winzige Nuancen nur, und doch sind die Berichte weltenweit voneinander getrennt. Während im Rapport des Staatsanwalts der Mann gütig-souverän, die Frau teils schuldig-nervös, teils unverschämt und oberflächlich erscheint, haben die Partner, in Sibylles Erzählung, die Positionen getauscht. Jetzt ist die Frau die große Liebend-Enttäuschte, die dennoch die Fassung bewahrt, während der Mann sich allenfalls recht akkurat und maskenhaft, borniert und steif benimmt. Wo aber liegt die Wahrheit?"[38]

Die Wahrheit zwischen zwei Menschen zu finden, fällt nicht nur dem Leser schwer. Auch Sibylle, zwischen ihren Ehemann und ihren Liebhaber gestellt, hat Mühe damit. Es gibt eine Zeit, da erscheint ihr und Stiller „das einzige in der Welt, was nicht kompliziert wäre, ... die Ehe zu sein, nicht die Ehe mit Rolf und nicht die Ehe mit Julika, aber die Ehe zwischen ihnen“ (281). Aber diese Ehe kommt nicht zustande, statt dessen eine Liebe, die einen Sommer lang währt, und der scheinbar so neutrale Berichterstatter, der es ja aus eigener Erfahrung wissen muß, merkt ironisch an: „Ob es so groß war, dieses Liebesglück, wie die beteiligten Gatten, Frau Julika Stiller-Tschudy einerseits, mein Freund und Staatsanwalt andererseits, in ihrer verschwiegenen Eifersucht vermuteten, scheint mir fraglich“ (276). Zwischen ihnen steht nicht nur „das Handicap aller illegalen Tätigkeit“ (222), die Schwierigkeit einer obdachlosen Liebe, sondern vor allem das Bewußtsein, daß Julika krank in Davos liegt. Sibylle empfindet sie als Gespenst, das überall dabei ist; Stillers Schuldbewußtsein läßt keine neue Bindung zu. Da auch Rolfs scheinbar unerschütterlicher Gleichmut keine Rückkehr zu ihm möglich macht, geht Sibylle nach Amerika und findet dort, was Stiller offenbar nicht gefunden hat, ein neues Selbstbewußtsein, das eine Fortsetzung ihrer Ehe mit Rolf ermöglicht.

2.3
Die Darstellung der Schweiz und Amerikas

Zwei Welten sind es, die in diesem Roman einander gegenübergestellt werden: Amerika und die Schweiz, wobei die letztere den weitaus größeren Raum einnimmt. Bei der kritischen Darstellung der Schweiz muß unterschieden werden zwischen der Stillers und der White's, d.h. zwischen den kritischen Äußerungen Stillers vor seiner Flucht nach Amerika, die von anderen Personen berichtet werden, und denen, die der Ich-Erzähler in der Gegenwart selbst ausspricht. Der junge Stiller lebt keineswegs in Übereinstimmung mit der schweizerischen Gesellschaft. Aus einem etwas romantischen Kommunismus heraus geht er nach Spanien und kämpft dort gegen die Faschisten, dafür wird er in der Heimat zu einer Gefängnisstrafe verurteilt. Als junger, unbekannter Künstler findet er wenig Anerkennung in der Gesellschaft, er lebt in ständiger Spannung zu ihr, die sich in heftigen Ausfällen gegen „unsere liebe Schweiz“, „unsere bürgerliche Presse“ und die verkappte Neigung des Bürgertums zum Faschismus Luft macht (265 f.). Sibylle stellt erstaunt fest: „Es ist komisch, wie böse du jedesmal wirst, wenn du von der Schweiz redest!“ (ebd.). Die Spannung zwischen Künstler und Bürger, die sich in dem Verhältnis des jungen Stiller zur Gesellschaft zeigt, entspringt wenigstens teilweise der des Autors Max Frisch zur Schweiz. Ähnliche Äußerungen in den beiden Tagebüchern und in seinen Reden zeigen Frisch stets als kritischen Beobachter des Zeitgeschehens und der ihn umgebenden Gesellschaft, ohne daß er einer ideologischen Richtung ohne weiteres zuzurechnen wäre.

Die Gesellschaftskritik Mr. White's ist weitgehend durch die Form bestimmt. Der Ich-Erzähler tritt als Amerikaner auf, er schildert die Welt, die er sieht, quasi von außen, als Fremder. Wenn er schreibt: „Zürich könnte ein reizendes Städtchen sein“ (77) – worin ja schon eine gewisse Kritik liegt –, wenn er das Züricher Großmünster „eine Art kleine Kathedrale“ nennt, so glaubt man ihm zunächst den Fremden. Er schildert unbefangen, „als sähe (er) diese Landschaft zum ersten Mal“, wie Friedrich Dürrenmatt meint.[39] Allmählich allerdings gewinnt seine Kritik an der Schweiz eine Schärfe, wie sie ein Fremder wohl nicht aufbrächte. Der Verteidiger nimmt dies auch geradezu als Beweis dafür, daß sein Mandant Schweizer und somit der gesuchte Stiller ist (196). Zunächst wird die Kritik an der Schweiz aus der Perspektive des Untersuchungshäftlings vorgetragen, der seine Erfahrungen im Gefängnis und während seiner kurzen Ausflüge an den Kautionsnachmittagen macht; sie entzündet sich an Äußerlichkeiten wie der „wilde(n) Teppichklopferei“ (16) oder der Art der Verkehrsregelung (79). Jedoch wird sie zunehmend nicht nur heftiger, sondern auch grundsätzlicher, sie verrät eine genaue Kenntnis ihres Gegenstandes und nähert sich in ihrer Tendenz wieder den Äußerungen des verschollenen Stiller. Sie manifestiert sich meist in Gesprächen, entweder mit Dr. Bohnenblust, dem Verteidiger, der als Repräsentant biederer schweizerischer Selbstgerechtigkeit gezeichnet ist, oder mit Besuchern, insbesondere mit dem Architekten Sturzenegger, einem in jeder Hinsicht an die Gesellschaft angepaßten Opportunisten. Der Tagebuchschreiber betont jedoch, daß seine Kritik eigentlich nicht der Schweiz gelte: „Ich hasse nicht die Schweiz, sondern die Verlogenheit“ (196). Als Beispiel für diese Verlogenheit nennt er den Begriff der Freiheit, auf die die Schweiz so stolz ist und die er in Zweifel zieht, weil sie ohne die entsprechenden ökonomischen Voraussetzungen nicht zu verwirklichen sei, ferner die Selbstgerechtigkeit, die keine Kritik verträgt und jeden unbequemen Kritiker als Kommunisten oder Nihilisten abstempelt. Er kritisiert weiterhin das Fehlen jedes geistigen Wagnisses, das er auch an den Bauten wahrnimmt (hier spricht natürlich auch der Architekt Frisch). Einen Höhepunkt dieser selbstgerechten und spießbürgerlichen Haltung stellen die Ausführungen des Verteidigers im Atelier dar, die in ihrer Formelhaftigkeit „zu einer Glanzleistung stilistischer tour-de-force werden“[40].

Obwohl all diese Erscheinungen keineswegs auf die Schweiz beschränkt sind und der Tagebuchschreiber dies ja auch immer wieder betont, entzündet sich die Kritik doch stets an den Schweizer Verhältnissen, sie scheinen wie in einem Brennspiegel alles zusammenzufassen, was Stiller an der bürgerlichen Gesellschaft überhaupt kritisiert. Das hängt wohl mit der Funktion zusammen, die die Schweiz für ihn und seine Identitätsfindung hat. So meint Jurgensen: „Stillers Gesellschaftskritik ist ein wesentlicher Bestandteil seiner Selbstanalyse“[41]. Er kann sich nicht selbst annehmen, ohne auch die Tatsache anzunehmen, daß er Schweizer ist. Jurgensen sieht in dem „Schwyzerhüsli“, in das Stiller nach seiner Entlassung zieht und das er als „Haus seines Lebens“ bezeichnet, ein Zeichen dafür, daß er am Ende auch die Schweiz akzeptiert.[42] Expressis verbis kommt eine solche Annahme seines Vaterlandes allerdings nie zum Ausdruck; das Nachwort des Staatsanwalts enthält, abgesehen von der Polemik gegen Caux, keine Gesellschaftskritik mehr. Dies ist wohl nicht nur auf den Berichterstatter zurückzuführen, der als Staatsanwalt in die Gesellschaft integriert ist. Stiller hat sich, fern der Gesellschaft, in seine ‚ferme vaudoise‘ zurückgezogen; der Frieden, den er wenigstens äußerlich mit ihr geschlossen hat, entspringt wohl mehr tiefer Resignation als innerer Übereinstimmung.

Der Schweiz, deren räumliche und geistige Enge Stiller ein Ärgernis ist, wird im Roman ein Gegenbild gegenübergestellt: Amerika, Sinnbild der Weite, des ursprünglichen, nicht genormten Lebens. Damit folgt Frisch einem literarischen Topos, der von Goethes *Wanderjahren* bis zu Kafkas *Amerika* immer wieder den Versuch versinnbildlicht, dem engen und konventionellen Leben in Europa zu entfliehen und auf dem neuen Kontinent ein freieres Leben zu beginnen. Allerdings muß diese Deutung sogleich wieder eingeschränkt werden: Sie gilt im *Stiller* vor allem für Mexiko, dessen Bild sich der Untersuchungshäftling im Gefängnis vor Augen zaubert und von dem er dem Verteidiger und dem Gefängniswärter erzählt.[43] Was ihn fasziniert, ist die Selbstverständlichkeit und Ursprünglichkeit, mit der diese Menschen dem Leben und dem Tod gegenüberstehen. Der Erinnerung an den Totentag in Mexiko wird kurz darauf der Besuch auf dem Friedhof in Zürich am Grabe der Mutter gegenübergestellt: hier die wort- und gebärdelose Hilflosigkeit zweier Protestanten gegenüber dem Phänomen des Todes, dort der selbstverständliche Einklang von Leben und Tod (319 ff., 324 f.). Dieses ursprünglichere Verhältnis zur Natur zeigt sich auch in der Erzählung vom Vulkanausbruch. Während der Europäer nichts merkt und weiterarbeitet, bis hinter ihm Rauchwolken aus den Erdspalten aufsteigen, sind die Indios längst geflohen (46).

Sehr viel kritischer äußert sich der Tagebuchschreiber über die USA, speziell über New York. Während der Staatsanwalt von der Rainbow-Bar schwärmt, erzählt er ihm von der Bowery, einem „Viertel, wo auch die Polizei nicht mehr hingeht, Gefilde der Verlorenen" (176 f.), wo er in einem betrunkenen Greis seinen Stiefvater zu erkennen glaubt. Hier zeigt sich, daß es ihm weniger um eine Kritik an den sozialen Zuständen geht, sondern daß Stiller überall seine persönliche Problematik sieht.[44] Dies gilt auch für die Darstellung der Farbigen. In ihrem Wunsch, sich den Weißen anzugleichen, sieht er eine Spiegelung seiner eigenen Identitätskrise, „diese lebenslängliche Bemühung, anders zu sein, als man erschaffen ist, diese große Schwierigkeit, sich selbst ... anzunehmen" (193). Die Frage, warum die Neger nicht sie selbst sein wollen, stellt sich Stiller nicht, dazu ist er zu sehr mit sich selbst beschäftigt. Er bewundert lediglich ihre Spontaneität und ihre physische Vitalität, wie sie sich im Gottesdienst und im Tanz manifestieren, vielleicht gerade deshalb, weil sie ihm selbst fehlen. Insofern wird die Rassenfrage trotz der mehrfachen Begegnung mit Farbigen nicht erörtert.

Nicht so persönlich, doch auch sehr europäisch ist die Kritik, die Stiller an den Sonntagsausflügen der New Yorker übt. Offenbar ist er der einzige, der den unmittelbaren Kontakt mit der Natur vermißt; die anderen genießen es, auch dort die gewohnte Zivilisation vorzufinden. Stillers Naturgefühl ist eben von einer europäischen Tradition bestimmt, die in der Begegnung mit der Natur ein persönliches, nicht genormtes Erlebnis sucht.

Daß Stillers Darstellung Amerikas sehr ichbezogen ist, zeigt auch Sibylles Bericht, der zwar ebenso durch ihre persönlichen Erfahrungen bedingt ist, der jedoch zugleich auf die Möglichkeiten hinweist, die die amerikanische Gesellschaft bietet, nämlich Unabhängigkeit durch persönliche Leistung. Für Sibylle ist dies eine neue, positive Erfahrung. Dazu gehören auch die Hilfsbereitschaft und Unvoreingenommenheit, mit der man der jungen Schweizerin begegnet. Allerdings führen diese Kontakte nicht zu einer näheren menschlichen Beziehung. Sibylle spricht von einer „leutseligen Beziehungslosigkeit" (313), und hier könnte ein gesellschaftskritischer Akzent gesehen werden. Sie nennt diese Welt „unerhört praktisch, unerhört glanzlos" (ebd.).

Jedoch auch die Faszination, die die einzigartige Stadt New York ausstrahlt, wird geschildert. Ausgerechnet der sonst so nüchterne und beherrschte Staatsanwalt erliegt ihr. Sie findet in einer enthusiastischen, das syntaktische Gefüge fast sprengenden Schilderung des abendlichen New York von der Rainbow Bar aus ihren Ausdruck (315 f.).[45]

Diese Ambivalenz in der Darstellung Amerikas ist nur der Anfang einer ständigen Auseinandersetzung Frischs mit diesem Kontinent. Vom *Stiller* und dem etwa gleichzeitig entstandenen Vortrag *Unsere Arroganz gegenüber Amerika*[46] an über *Homo faber* und *Tagebuch II* bis zu *Montauk* spiegelt sich der Dialog Frischs mit der neuen Welt, der zunehmend kritischer, nie aber ohne Bemühen um Sachlichkeit und Verständnis geführt wird.

2.4
Die parabolischen Geschichten

Neben den Rückblenden sowie der Darstellung von Gegenwartserlebnissen und den Reflexionen darüber enthält das Tagebuch noch eine Reihe von Geschichten, die anscheinend nichts mit der Handlung zu tun haben. Während die Amerika-Erlebnisse, ob nun wahr oder erfunden, doch einen gewissen biographischen Bezug zum Tagebuch-Ich haben, erwecken jene den Eindruck, nur zufällig eingefügt zu sein. Nicht von ungefähr beklagt sich der Verteidiger, sein Mandant erzähle ihm „Märchen" statt „ein einziges Mal eine klare und blanke und brauchbare Wahrheit" (76/77), und er fragt, ob er ihn damit verteidigen solle. Stillers Antwort: „Womit denn sonst?" weist auf die gleichnishafte Bedeutung dieser Geschichten hin und zeigt zugleich, daß sein Wahrheitsbegriff sich wesentlich von dem des Verteidigers unterscheidet. Schon zu Beginn der Aufzeichnungen heißt es ironisch:

„Erzählen soll ich! Und zwar die Wahrheit meines Lebens, nichts als die schlichte und pure Wahrheit! Ein Block weißen Papiers, eine Füllfeder mit Tinte, die ich auf Staatskosten jederzeit nachfüllen lassen kann, und dazu ein bißchen guten Willen: – was soll der Wahrheit schon übrigbleiben, wenn ich ihr mit meiner Feder komme!" (18) Und später schreibt er: „Man kann alles erzählen, nur nicht sein wirkliches Leben" (64). Stillers Problematik ist gerade dadurch gekennzeichnet, daß er seine innere Erfahrung nicht unmittelbar ausdrücken und anderen mitteilen kann. Wahrheit besteht für ihn gerade nicht – wie für den Verteidiger – in „Ortsnamen, Daten, die man nachprüfen kann" (18), sie hat existentiellen Charakter, insbesondere seit seinem Selbstmordversuch, den er nur mit dem Bild des „Engels" bezeichnen kann. Aus dieser Not heraus versucht er, sich in Gleichniserzählungen auszudrücken, die sowohl ein Mittel der Selbstanalyse als auch einen Versuch der Kommunikation mit seinen Mitmenschen darstellen.

Dieses Verfahren ist nicht nur für Stiller alias White, sondern auch für seinen Autor Max Frisch charakteristisch. Im *Tagebuch* hat er sich darüber folgendermaßen geäußert: „Jedes Erlebnis bleibt im Grunde unsäglich, solange wir hoffen, es ausdrücken zu können mit dem wirklichen Beispiel, das uns betroffen hat. Ausdrücken kann mich nur das Beispiel, das mir so ferne ist wie dem Zuhörer: nämlich das erfundene"[47]. Diese Methode, Erfahrungen durch fiktive Beispiele auszudrücken, wird später zum Strukturprinzip von Frischs Roman *Mein Name sei Gantenbein*, in dem es heißt: „Ein Mann hat eine Erfahrung gemacht, jetzt sucht er die Geschichte seiner Erfahrung ..."[48]

Die drei Geschichten, mit denen Stiller über sich Auskunft gibt, haben Heimkehr oder Rückkehr zum Thema. Die erste ist die kleine Geschichte von Isidor, die in komisch-grotesker Weise das Thema anschlägt. White schreibt sie mit der Absicht nieder, sie Julika zu erzählen, die aus Paris geholt worden ist, um mit ihm konfrontiert zu werden. „Eine wahre Geschichte!", so betont er ausdrücklich (41); es ist der erste Hinweis darauf, daß die „kleine Schnurre" in Beziehung zu seiner eigenen Problematik steht. Parallelen werden angedeutet: einmal durch die Zahl der Ehejahre, denn auch Stiller und Julika waren neun Jahre verheiratet, ehe Stiller – wie Isidor – plötzlich verschwand. Ironisch heißt es, es sei im Grunde eine glückliche Ehe gewesen, auch werden beide Frauen als sehr liebenswert bezeichnet. Noch deutlicher wird die Beziehung, wenn der Erzähler berichtet, er habe die Geschichte seiner schönen Besucherin angepaßt, „also unter Weglassung der fünf Kinder und unter freier Verwendung eines Traums ... Isidor gibt, sooft er auftaucht, keine Schüsse in die Torte, sondern zeigt nur seine beiden Hände mit Wundmalen" (56). Dieses Motiv taucht hier zum ersten Male auf. Der Heimkehrer will sich mit dieser Geschichte Julika verständlich machen, Steinmetz sieht darin geradezu eine Warnung an Julika.[49] Sie versteht diese Warnung jedoch nicht, sondern reagiert genauso wie Isidors Frau, sie fragt mit fast den gleichen Worten: „Warum hast du nie geschrieben?" „Wo bist du nur all die Jahre gewesen?" (59) Sie ist also nicht bereit, in ihm einen neuen, gewandelten Menschen zu sehen, sondern reagiert im Gegenteil mit den Worten: „Ach, ... du bist noch immer der gleiche", auf diese Geschichte (57). Die daraus sprechende Verständnislosigkeit, ihre Unfähigkeit, diese Parabel auf ihr eigenes Leben zu übertragen, signalisiert sogleich die Schwierigkeiten, die sich bei einem erneuten Zusammenleben beider ergeben werden.

Eine Ehe- und Heimkehrergeschichte ist auch das Märchen von Rip van Winkle, das Frisch von Washington Irving übernommen und für seine Zwecke leicht verändert hat. Hier zeigt sich, daß auch vorgefundene literarische Muster geeignet sind, innere Erfahrungen auszudrücken. Frisch hat diesen Stoff zunächst in seinem gleichnamigen Hörspiel verarbeitet, das die Keimzelle des Romans enthält.[50] Der Heimkehrer nennt sich dort nicht White, sondern Rip van Winkle, wodurch eine unmittelbare Identifizierung vorgenommen wird. Die Geschichte selbst wird im Hörspiel nur kurz wiedergegeben. Im Roman ist das Verhältnis zwischen Stiller und Rip van Winkle komplizierter; wir haben keine Gleichsetzung, sondern eine parabolische Spiegelung. Der Heimkehrer erzählt dem Verteidiger das ‚amerikanische Märchen', der es allerdings ebensowenig versteht wie Julika die ‚Schnurre' von Isidor.

Die Ausgangssituation ist in beiden Geschichten ähnlich; Stiller erkennt sich in Rip van Winkle wieder. Wie jener ist er – zum mindesten in den Augen der Gesellschaft – ein Versager, während seine Frau, ebenso wie Julika, von jedermann bedauert oder bewundert wird. In diesem Punkt hat Frisch die Geschichte etwas verändert, bei Irving handelt es sich einfach um einen Hausdrachen, vor dem Rip als Pantoffelheld Angst hat. Die zweite und entscheidende Änderung betrifft den Schluß. Während bei Irving der Held in eine historisch fixierte Zeit, nämlich die nach dem amerikanischen Unabhängigkeitskrieg, zurückkehrt und wieder in die Gesellschaft integriert wird, bleibt Rip van Winkle bei Frisch ein „Fremdling in fremder Welt" (76), der seine Identität nicht preisgibt, ja, der sogar an ihr zweifelt. Auf die Frage, wer er denn sei, erwidert er: „Gott weiß es, gestern noch meinte ich es zu wissen, aber heute, da ich erwacht bin, wie soll ich es wissen?" (ebd.) Fast die gleichen Worte gebraucht der Tagebuchschreiber, um seine Situation zu umreißen: „Weiß ich es denn selbst, wer ich bin?" (84) Dies schreibt er, kurz nachdem er dem Verteidiger das Märchen erzählt hat, um diesem „aus seinem nachgerade ergreifenden Mißverständnis meiner Lage … herauszuhelfen" (70). Während aber der heimkehrende White wider seinen Willen sofort als Stiller identifiziert wird, bleibt Rip van Winkle, selbst gegenüber der eigenen Tochter, unerkannt. „Rip van Winkle gelingt unbeabsichtigt, ja wider Willen, was Stiller mit aller Macht vergeblich anstrebt: er kehrt als Unbekannter, als Fremder in sein Dorf zurück"[51].

Neben den Themen Ehe, mangelnde Anerkennung durch die Gesellschaft, Identität und Heimkehr enthält das Märchen von Rip van Winkle noch eine Anspielung auf das für Stiller so bedeutsame Spanienerlebnis. Hatte er damals nicht geschossen und sich hinterher damit herausgeredet, daß sein Gewehr nicht losgegangen sei, so versagt Rip van Winkles Gewehr wirklich, als er in die Nähe der geheimnisvollen Schlucht kommt. Vielleicht ist das Gewehr, „ein schweres Ding mit viel Zierat, … von seinen Vorfahren ererbt" (71 f.), sogar ein Sinnbild der Bindung Rips an seine Vergangenheit; nach seinem Erwachen liegt es völlig überwuchert und verrostet da, und Rip wirft es weg wie Stiller seine Vergangenheit. Doch läßt sich sicher nicht jeder einzelne Punkt dieser Parabel auf Stillers Leben übertragen. Jedenfalls versucht Stiller vergeblich, sich damit seinem Verteidiger verständlich zu machen, für diesen bleibt sie ein Märchen.

Die dritte und umfangreichste Geschichte, die von der Höhle in Texas, ist am schwierigsten zu deuten; sie wird auch in der Sekundärliteratur verschieden ausgelegt. Karlheinz Braun deutet das Ende als „Sieg des neuen, des anderen Stiller" über den früheren,[52] während Steinmetz darin einen Sieg der Rolle über den „Mexican boy" sieht. Mexiko ist aber für Steinmetz, wie schon oben erwähnt, Sinnbild eines Lebens ohne Rolle um den Preis der Individualität; darum bleibt der Verschollene namenlos.[53] Jurgensen interpretiert das Höhlenerlebnis als Ausdruck existentieller Lebensangst, die er als Grundthema des Romans überhaupt ansieht.[54] Weisstein schließlich sieht in dem Kampf der beiden Cowboys namens Jim „eine Variante von Jakobs Ringkampf mit dem Engel"[55].

Die Vieldeutigkeit dieser Geschichte ist sicher nicht restlos aufzulösen. Wir betrachten sie zunächst im Kontext. Der Untersuchungshäftling erzählt sie seinem Wärter Knobel, an eine Entschlüsselung durch den Hörer ist also keinesfalls zu denken. Worum es Knobel vielmehr geht, ist, den „vierten Mord" seines Häftlings zu erfahren, d.h., er hofft, die Sensationsgeschichten, die er nur aus dem Kino und den Illustrierten kennt, endlich einmal gewissermaßen authentisch aus dem Mund eines Beteiligten zu hören. Daher beginnt diese Geschichte zunächst einmal scheinbar autobiographisch, er erzählt sie, als habe er sie selbst erlebt, doch am Schluß enthüllt sie sich als eine Geschichte aus dem Jahre 1901. Die Beziehung zu Stiller/White wird jedoch von diesem auf doppelte Weise hergestellt: einmal durch die Namensgleichheit James Larkin White – auf diesen Namen ist der amerikanische Paß ausgestellt, mit dem Stiller in die Schweiz eingereist ist –, zum anderen durch die Versicherung des Erzählers: „Aber was ich selber erlebt habe, sehen Sie, das war genau das gleiche ..." (172)

Die Geschichte beginnt wie die anderen Knobel erzählten Geschichten als Abenteuer in Texas, der Erzähler schildert sich als Cowboy. Bald jedoch gewinnt die spannende Geschichte von der

Erforschung einer Höhle eine tiefere Dimension: aus dem „unterirdischen Arsenal der Metaphern" (165) wird ein Sinnbild des Unterbewußtseins, in dem sich der Kampf zwischen Jim und Jim, zwischen dem alten und dem neuen Ich, abspielt. Das seit der Romantik bekannte Motiv des Doppelgängers enthält sowohl einen Hinweis auf die Persönlichkeitsspaltung des Erzählers als auch auf die Todeserfahrung, die Stiller ja bei seinem Selbstmordversuch gemacht hat; dies wird noch deutlicher beim Anblick des Skeletts, wenn der Erzähler sagt: „... ich ... mußte meinen ganzen Verstand zusammennehmen, um nicht das Skelett, das da im runden Schein der Lampe lag, schlechterdings für mein eigenes zu halten" (162). Er nennt das, was er in der Höhle sieht, auch „ein seltsames Arkadien der Toten, ein(en) Hades, wie Orpheus ihn betreten hat" (164). Der schwierige Aufstieg aus dieser Höhle ist ein Symbol für die Wiedergeburt des neuen Ich, die Stiller nach seinem Selbstmordversuch erlebt hat. Vergleicht er seine Erfahrungen danach mit einem Kindheitserlebnis: „... als Buben krochen wir manchmal durch einen Abwasserkanal, das ferne Loch mit Tagesschein erschien viel zu klein, als daß man je herauskommen könnte" (379), so beschreibt er den Ausgang der Höhle mit ähnlichen Worten: „... ich sah ein paar Sterne, ein paar scheinlose Funken in unendlicher Ferne" (160). Der Preis für diese Wiedergeburt ist der Kampf mit seinem „Alter ego" und dessen Vernichtung; von ihm heißt es später: „Ich denke, dieser Verschollene wird sich auch nicht mehr melden" (172). Verschollen ist aber das Beiwort, mit dem Stiller vom Tagebuchschreiber ständig bezeichnet wird. So heißt es z. B.: „Sie glaubt's einfach nicht, daß man jemand anders sein könnte als ihr verschollener Stiller" (57); „... diese zwei Menschen, Julika und der verschollene Stiller" (89); „Ich sehe jetzt ihren verschollenen Stiller schon ziemlich genau" (251) usw. Der Kampf der beiden „Jims" endet also mit dem Sieg des aus der Höhle steigenden James Larkin White über den verschollenen Stiller, er symbolisiert die Geburt eines „neuen" Menschen, dessen Vergangenheit in den Tiefen seines Unterbewußtseins begraben sein soll.

Bezogen sich diese drei Geschichten in ihrem Gehalt auf die Stiller-Themen Identität und Rückkehr, so waren sie doch mit der Handlung nicht eigentlich verbunden; die Fiktion, die Höhlenepisode selbst erlebt zu haben, wird ja am Ende der Erzählung aufgehoben. Anders steht es um die „kleine Geschichte mit dem fleischfarbenen Stoff in Genua“ (202), die der „Freund und Staatsanwalt“ als seine eigene erzählt. Auch dies ist eine Geschichte von Flucht und Heimkehr, jedoch liegt nicht darin ihre Bedeutung. Sie dient zunächst, wie oben schon erwähnt, als Gleichnis für die Eifersucht des Staatsanwalts, ein Gefühl, das er von seinem „intellektuellen Niveau aus nicht wahrhaben“ will (321). Der Staatsanwalt wendet sein Erlebnis auch auf Stiller an, er zieht eine Parallele zu dessen Selbstüberforderung. Sein Ich kann man so wenig loswerden wie Rolf sein Paket mit dem fleischfarbenen Stoff, man kann es auch nicht umlügen, „etikettieren … nach dem Wunsch unseres Bewußtseins“ (ebd.). Insofern ist auch diese Geschichte ein Beitrag zum Problem der Identität. Für alle zusammen aber gilt, was Erich Franzen so formuliert hat: „Die phantasierten Geschichten unterbrechen die Handlung nicht, sondern laufen ihr parallel. Jede von ihnen nimmt wie ein selbständiges Kunstwerk das eigentliche Motiv in veränderter Form wieder auf, und alle zusammen enthalten die Wahrheit, die Stiller sich nicht eingestehen will“[56].

3
Formale Interpretation

3.1
Aufbau

Die Form dieses Romans, seine Struktur und seine Erzählperspektive sind häufig bewundert worden, so von Friedrich Dürrenmatt in seinem *Fragment einer Kritik*[57] und von Walter Jens[58]. Eine genaue Untersuchung hat Karlheinz Braun vorgenommen[59]. Wir betrachten zunächst den äußeren Aufbau des Romans.

Das Buch besteht aus zwei ungleichen Teilen, deren erster, weitaus umfangreicher „Stillers Aufzeichnungen im Gefängnis" umfaßt, während der zweite das „Nachwort des Staatsanwalts" enthält. Die Aufzeichnungen im Gefängnis sind wiederum in sieben Hefte gegliedert, deren Umfang im Durchschnitt etwa dem Nachwort des Staatsanwalts entspricht, weshalb man dieses auch als das achte Heft der Aufzeichnungen bezeichnet hat[60]. Wieweit dies zutrifft, soll uns später beschäftigen.

Die sieben Hefte[61] des ersten Teils scheinen auf den ersten Blick mit den verschiedensten Elementen gefüllt zu sein: lange Rückblenden stehen neben Gegenwartserlebnissen im Gefängnis und an den Kautionsnachmittagen, die Knobel erzählten Abenteuer neben den bereits analysierten parabolischen Geschichten, Gespräche mit Besuchern, Verteidiger und Staatsanwalt neben Träumen und Reflexionen des Tagebuchschreibers. Eine genauere Analyse zeigt aber, wie kunstvoll diese scheinbar zufällig nebeneinanderstehenden Teile zusammengefügt, neben- und gegeneinander montiert sind, so daß sie sich gegenseitig ergänzen und spiegeln.

Ein Überblick über die sieben Hefte des ersten Teils zeigt, nach welchem Prinzip sie aufeinander folgen: die in Ich-Form gehaltenen Erlebnisse des Häftlings White wechseln alternierend mit dem, was er nach Erzählungen anderer (Julikas, Rolfs und Sibylles) zu protokollieren vorgibt. So füllt die Darstellung der Ehe Stillers und Julikas das zweite – umfangreichste – Heft der Aufzeichnungen, die Ehe zwischen Rolf und Sibylle, in die Stiller ja als Sibylles Liebhaber mit einbezogen ist, das vierte, die Liebesgeschichte zwischen Sibylle und Stiller das sechste Heft. Diese drei

Hefte sind also fast ausschließlich der Vergangenheit gewidmet, sie enthalten die Stillerhandlung. Heft 1, 3 und 5 dagegen geben die Erlebnisse und Gedanken White's im Gefängnis und in Amerika wieder; diese Hefte stellen die Whitehandlung dar. Die Identitätsspaltung zwischen White und Stiller findet in dieser Struktur ihre genaue Entsprechung. Eine Sonderstellung nimmt das siebente Heft ein: der Tagebuchschreiber weigert sich zwar noch immer, Stiller zu sein, berichtet aber andererseits zum ersten Male von Stillers Erlebnissen in der Ich-Form (334 ff.). Auch in dem Wunsch, den er darin äußert, mit Julika „über alles Gewesene hinaus zu einer Begegnung (zu) kommen" (342), liegt zugleich die Annahme eben dieses Gewesenen als seiner eigenen Vergangenheit. Am Ende des siebenten Buches sind mit dem Urteilsspruch White und Stiller identisch geworden, beide Handlungsstränge sind ineinandergeflossen. Es ist also auch formal konsequent, daß hier die Tagebuchform aufhört und ein neuer Erzähler die Berichterstattung übernimmt.

3.2 Form und Funktion des Tagebuchs

Wenn wir hier von Tagebuchform sprechen, so bedarf diese Bezeichnung einer näheren Untersuchung und Modifikation. Es ist oft darauf hingewiesen worden, wie häufig sich diese Form bei Max Frisch findet, angefangen von den *Blättern aus dem Brotsack* bis hin zu *Montauk*. Die beiden *Tagebücher 1946–1949* und *1966–1971* gehören zu seinem schriftstellerischen Werk nicht weniger als seine Romane, doch ist die Art und Funktion dieser Form nicht überall die gleiche.

Das Tagebuch wurde im 18. Jahrhundert als eine Form entdeckt, in der sich das Ich aussprechen, seiner Individualität Ausdruck verleihen kann. Tagebücher wurden zum Medium der Beichte und der Rechtfertigung, sie gestatteten die Beschäftigung mit dem eigenen Inneren, zunächst im Pietismus zu religiösen Zwecken, später in der Empfindsamkeit, um das Gefühlsleben des einzelnen darzulegen[62]. Seitdem ist das Tagebuch aus der Literatur nicht mehr wegzudenken, aus dem privaten wurde das literarische Tagebuch, wobei die Grenzen oft schwer zu ziehen sind. Peter Boerner hat auf die Expansion des Tagebuchs im 19.

und 20. Jahrhundert hingewiesen[63]. Allerdings muß man Tagebücher von Schriftstellern, die häufig Teil ihres Werkes sind, vom Kunstmittel Tagebuch innerhalb eines Romans unterscheiden[64]. Zur ersten Gruppe gehören etwa Kafkas, Musils, Jüngers Tagebücher, zur zweiten etwa Grass' *Tagebuch einer Schnecke*, in dem echte Aufzeichnungen mit einer fiktiven Handlungsebene konfrontiert werden.

Welche Besonderheit und Funktion hat nun die Tagebuchform im *Stiller?*

Vom Tagebuch kann man, genau genommen, nur in den Heften mit ungerader Numerierung sprechen. Dort sind Erlebnisse und Gedanken des Untersuchungshäftlings festgehalten, er schreibt in der ersten Person und meist in der Gegenwart. Die eingeflochtenen Geschichten und die Knobel und dem Verteidiger erzählten Amerikaerlebnisse überschreiten eigentlich schon den Charakter des Tagebuchs; sie enthalten Rückwendungen, die dazu bestimmt sind, für „Mr. White“ eine Vergangenheit aufzuzeigen. Das Ich, das hier von sich spricht, ist nur eine Fiktion; nur die in der dritten Person gehaltenen „Protokolle“ beschäftigen sich mit dem „eigentlichen“ Ich, dem Titelhelden des Buches. Die Form des Tagebuchs ist also hier, wie Dürrenmatt festgestellt hat, „die eines fingierten Tagebuchs einer fingierten Persönlichkeit, die damit die Behauptung aufrechterhalten will, sie sei nicht eine andere“[65].

Dies trifft allerdings nur auf die ersten Hefte zu. Im Schreiben verändert sich der Tagebuchschreiber, setzt er sich mit der Rolle auseinander, die er einst gespielt hat und die ihm seine Umgebung wieder aufdrängen will. Kurz bevor er in Ich-Form von Stillers Vergangenheit schreibt, definiert er die Funktion des Schreibers für sich selbst folgendermaßen: „Kann man schreiben, ohne eine Rolle zu spielen? Man will sich selbst ein Fremder sein. Nicht in der Rolle, wohl aber in der unbewußten Entscheidung, welche Art von Rolle ich mir zuschreibe, liegt meine Wirklichkeit. Zuweilen habe ich das Gefühl, man gehe aus dem Geschriebenen hervor wie eine Schlange aus ihrer Haut. Das ist es; man kann sich nicht niederschreiben, man kann sich nur häuten“ (330). Erst der Prozeß der Selbstbesinnung durch das Tagebuch macht Stiller reif für seine „neue Haut“, für die erste Stufe der Selbstannahme. Ähnlich definiert Frisch im *Tagebuch 1946–1949* die Funktion des Tagebuchs für den Schreibenden: „Indem man es nicht verschweigt, sondern aufschreibt, bekennt man sich zu seinem Denken, das bestenfalls für den Augenblick und für den Standort stimmt, da er sich erzeugt. Man rechnet nicht mit der Hoffnung, daß man übermorgen, wenn man das Gegenteil denkt, klüger sei. Man ist, was man ist. Man hält die Feder hin, wie eine Nadel in der Erdbebenwarte, und eigentlich sind nicht wir es, die schreiben; sondern wir werden geschrieben. Schreiben heißt: sich selber lesen“[66].

3.3 Erzählsituation und Erzählhaltung

Die besondere Art und Form des Tagebuchs im *Stiller* läßt sich erst ganz erfassen, wenn man die *Erzählsituation* und *Erzählhaltung* genauer untersucht. Die Erzählsituation ist bestimmt durch Stillers Aufenthalt im Gefängnis. Ähnliche Erzählsituationen finden sich häufig in der Tradition des Ich-Romans, angefangen vom Eremiten Simplicius bis hin zu Oskar Matzerath, dem Blechtrommler, der als Insasse einer Heilanstalt seine Erinnerungen schreibt. Hier bietet das Untersuchungsgefängnis einmal die Möglichkeit der im Motto beschworenen Isolation, die die zum Schreiben notwendige Muße gibt, zum anderen aber auch die der Konfrontation mit Ehefrau und Freunden, Verteidigern und Staatsanwalt, Besuchern und Kritikern, die zur Wahrheitsfindung notwendig ist. Diese Situation ist besonders geeignet für die dem Ich-Roman eigene Gewissenserforschung[67], für die Darstellung des Identitätsproblems. Als Stiller das Gefängnis verläßt, ändert sich mit der Situation auch die Erzählhaltung, ein anderer übernimmt die Vermittlung der folgenden Ereignisse. Doch was wir einschränkend von der Tagebuchform gesagt haben, gilt auch von der Erzählhaltung: auch der erste Teil ist kein reiner Ich-Roman. Es ist nicht so, wie es Walter Jens als eine Möglichkeit beschrieben hat, von der der Autor keinen Gebrauch gemacht hat: „Anatol Stiller sitzt an seinem Zellen-Tisch, hält Rückschau und konfrontiert die Begebenheiten von heute – Ausgang und Gefängnisbesuche – mit den Ereignissen von gestern“[68]. Der, der die Aufzeichnungen niederschreibt, behauptet ja gerade, nicht Anatol Stiller zu sein. Wenn er „ich“ schreibt, so meint er nicht Stiller, sondern den Untersuchungsgefangenen White. Diesem hat der Verteidiger ein Heft gegeben, in dem er sein Leben aufschreiben soll, „wohl um zu beweisen, daß ich eines habe …“, wie er ironisch anmerkt (9). Anstelle eines Lebensberichtes verfaßt er jedoch ein Tagebuch, das neben seinen Erlebnissen im Gefängnis und einigen wenig glaubhaften Geschichten aus Amerika nichts über sein früheres Leben enthält, was in Ich-Form berichtet würde. Das Tagebuch-Ich erweist sich als ein Ich ohne Geschichte. „Das Ich vermag sich offenbar allein als ein gegenwärtiges zu dokumentieren“[69]; denn es existiert – genau genommen – erst seit zwei Jahren, seit dem Selbstmordversuch. Eine Geschichte hat nur der verschollene Stiller aufzuweisen, über den aber gerade nicht in der ersten, sondern stets in der dritten Person berichtet wird, der also bis zum 7. Heft hin nie als Ich-Erzähler in Erscheinung tritt. „Das Ich wird ein Objekt“, wie Dürrenmatt sagt[70], es wird von außen, in der dritten Person, beschrieben, so wie die andern es sehen. Es vermittelt dem Leser das Bild Stillers in den Augen der anderen, jenes Bild, vor dem er gerade geflohen ist. Aber auch diese Feststellung muß wieder eingeschränkt und modifiziert werden; denn der, der das alles zu protokollieren vorgibt, ist ja eben der verschollene Stiller, von dem fortwährend die Rede ist. Die Erzählhaltung ist also doppelt gebrochen, einmal wird vom Roman-Ich in der dritten Person gesprochen, andererseits werden diese Er-Berichte wiederum durch den Ich-Erzähler vermittelt, der mit der dargestellten Person identisch ist. Die Spannung zwischen erzählendem und erlebendem Ich, die einen Reiz des Ich-Romans ausmacht, wird hier noch gesteigert. Der Ich-Erzähler bringt sich dem Leser immer wieder in Erinnerung; obwohl er beteuert: „Ich will aber versuchen, in diesen Heften nichts anderes zu tun als zu protokollieren, was Frau Julika Stiller-Tschudy … mir oder meinem Verteidiger von ihrer Ehe selber erzählt hat“ (90), schimmert seine innere Beteiligung an den Vorgängen von Anfang an durch.

Da gibt es einmal neutrale Einschiebsel wie „ich protokolliere“, „scheint es“, „offenbar“, „so sagt er“, „so meint mein Staatsanwalt“, „so sagt Sibylle“ etc., die den Redefluß nur kurz unterbrechen. Daneben stehen scheinbar distanzierende Kommentare wie „Als Fremder hat man den Eindruck“ (89), „es liegt mir sonst wenig daran, mit dem Verschollenen einig zu sein“ (100) oder

„Wieso ist er eigentlich so offen zu mir?" (222). Häufig wirken die Kommentare des Protokollanten aber ironisch, so wenn er ständig von der „armen Julika" spricht oder wenn er schreibt „Julika, dieser ehrliche Mensch" (110). Durch den Kontext gewinnt diese scheinbar positive Wertung einen ironischen Unterton, denn es geht um die Bemerkung Julikas in der ersten Nacht, die später die ganze Ehe vergiften sollte, da es „ihre einzige Aussage geblieben war" (ebd.). Natürlich ist die Ironie immer dort am stärksten, wo Stiller am meisten beteiligt war, also im 2. und im 6. Heft, wenn es um die Ehe zwischen ihm und Julika oder um seine Liebesgeschichte mit Sibylle geht. So kommentiert er z. B.: „Das Liebesglück zu beschreiben, das Sibylle, die Gattin meines Staatsanwaltes, in den folgenden Wochen erlebte oder zu erleben hoffte, steht mir nicht an. Ob es so groß war ..., wie die beteiligten Gatten, Frau Julika Stiller-Tschudy einerseits, mein Freund und Staatsanwalt anderseits, in ihrer verschwiegenen Eifersucht vermuteten, scheint mir fraglich" (276).

Die innere Beteiligung bei scheinbarer Objektivität ist im 2. Heft begreiflicherweise am stärksten vorhanden. Hinter der Perspektive Julikas verbirgt sich der keineswegs objektive Erzähler. So wird z. B. ein Streit zwischen den Ehegatten berichtet, bei dem Julika ihren Mann beschimpft: „Das ist eine Gemeinheit von dir, eine Hundsgemeinheit!" (105) Der Erzähler fährt fort: „Übrigens soll es das einzige Mal gewesen sein, ungefähr (!)[71] das einzige Mal, daß Julika in ihrer Empörung derart deutliche Ausdrücke gebrauchte. Ob Stiller einsah, wie unrecht er dieser Frau tat? Es fiel ihm nicht ein, sich zu entschuldigen." Ironisch wird auch die Geschichte mit Foxli geschildert; Stillers begreifliche Entrüstung darüber, daß Julika in Davos nicht ihn, sondern Foxli vermißt, wird als Mangel an Einfühlungsvermögen gedeutet (107). Darüber hinaus enthält besonders das zweite Heft Ereignisse, die eben nur er selbst, nicht aber Julika wissen kann, so z. B. das teilweise wörtlich wiedergegebene Gespräch, das die Kinderärztin „unter vier Augen" mit Stiller führt, um ihm zu sagen, was für ein wunderbarer Mensch seine Frau Julika sei (111). Ebenso heißt es bei der Schilderung von Stillers Besuch in Davos: „Unten in der Stadt war es fürchterlich, immerfort schwül wie vor einem Gewitter, aber es kam einfach nie, dieses Gewitter, und es blieb heiß, daß man schwitzte, hier oben schwitzte man gar nicht. Stiller genoß es“ (121). Hier kommen die eigenen Erlebnisse zur Sprache, wenn auch in der dritten Person.

Fragen wie „Was wollte er nur immerzu von ihr?“ (91) oder „Was wollte Stiller denn von ihr wissen?“ (103) sind als erlebte Rede Julikas formuliert, halten also ihre Perspektive ein. Der Kontext vermittelt dem Leser jedoch eine – wenn auch nicht ausgesprochene – Antwort, so bei der ersten Frage die berechtigte Forderung Stillers, daß Julika zum Arzt gehen solle, bei der zweiten die Tatsache, daß ihr Verhältnis mit dem Reklameberater zu Ende ist, was sie Stiller mitzuteilen nicht für nötig hält. Bei den sogenannten Protokollen bleibt also der Berichterstatter immer gegenwärtig. Er macht sich auch dadurch bemerkbar, daß er kurze Gegenwartserlebnisse in die Rückblenden hineinragen läßt. So schiebt er zwischen den ersten und den zweiten Besuch in Davos ein Gespräch mit Knobel ein, der die Geschichte der fünf Morde hören will, die sein Häftling begangen haben will. Er antwortet ihm: „Haben Sie sich nie überlegt, mein guter Knobel, warum die allermeisten Leute so viel Interesse haben an einem richtigen Mord, an einem sichtbaren und nachweisbaren Mord? Das ist doch ganz klar: weil wir für gewöhnlich unsere täglichen Morde nicht sehen. Da ist es doch eine Erleichterung, wenn es einmal knallt, wenn Blut rinnt oder wenn einer an richtigem Gift verendet, nicht bloß am Schweigen seiner Frau“ (126). Damit kommentiert er nicht nur sein eigenes Verhalten Julika gegenüber, von dem er gerade berichtet, sondern auch das Julikas ihm gegenüber. Wieder geht es darum, wer von den beiden das Opfer des anderen ist. Das kleine Gespräch mit Knobel widerlegt die Perspektive und den Standpunkt Julikas, aus der und von dem aus scheinbar berichtet wird.

Ähnliche Einschiebsel gibt es auch im 4. Heft, wo die Geschichte des eifersüchtigen Staatsanwalts durch die Nachricht unterbrochen wird, daß seine Frau ihm gerade ein Mädchen geboren hat. „Er ist nicht zu sprechen vor Glück“, heißt es dazu (218); die Überwindung der Ehekrise ist damit schon vorweggenommen. Ein kurzes Gespräch zwischen Staatsanwalt und Untersuchungshäftling bringt kurz darauf dem Leser wieder in Erinnerung, *wem* Rolf eigentlich von seiner Eifersucht erzählt (221 f.). Auch im 6. Heft sind außer einem kurzen Gespräch zwischen Sibylle und ihrem Besucher einige Notizen in der Gegenwartsebene eingeschoben, die das „Protokoll" unterbrechen. Damit wird einmal eine Beziehung zwischen Vergangenheit und Gegenwart, zwischen Protokoll und Berichterstatter hergestellt. Zum andern aber wird durch diese Unterbrechung die Illusion des Lesers gestört und eine Identifizierung mit dem, was er liest, unmöglich gemacht.

Vielleicht hat Frisch mit diesen artistischen Mitteln der doppelten Brechung der Erzählhaltung einerseits und der Unterbrechung der Rückblenden durch kurze Szenen in der Gegenwart andererseits etwas von dem verwirklicht, was er in seinem Tagebuch anläßlich seiner Gespräche mit Brecht als Möglichkeit erörtert: „Was Brecht in seinem Organon schreibt über den ‚Verfremdungseffekt', nämlich: die theatralische Verfremdung solle den gesellschaftlich beeinflußbaren Vorgängen den Stempel des Vertrauten wegnehmen, der sie heute vor dem Eingriff bewahrt – ferner: der Zuschauer soll sich nicht einfühlen, es soll verhindert werden, daß das Spiel ihn in Trance versetzt, sein Vergnügen soll vielmehr darin bestehen, daß ihm im Spiel gewisse Vorgänge, die ihm vertraut sind und geläufig, verfremdet werden, damit er ihnen nicht als Hingerissener, sondern als Erkennender gegenüber sitzt ... Es wäre verlockend, all diese Gedanken auch auf den erzählenden Schriftsteller anzuwenden; Verfremdungseffekt mit sprachlichen Mitteln, das Spielbewußtsein in der Erzählung, das Offen-Artistische, das von den meisten Deutschlesenden als ‚befremdend' empfunden und rundweg abgelehnt wird, weil es zu ‚artistisch' ist, weil es die Einfühlung verhindert, das Hingerissensein nicht herstellt, die Illusion zerstört, nämlich die Illusion, daß die erzählte Geschichte ‚wirklich' passiert sei usw."[72].

Im zweiten Teil haben wir wiederum einen Ich-Erzähler, der aber nicht im Mittelpunkt, sondern am Rande des Geschehens steht. Daher wird er häufig als neutraler, objektiver Beobachter angesehen. So betont Braun, wie schon erwähnt, den Protokollcharakter, den diese Aufzeichnungen ebenso wie Heft 2, 4 und 6 trügen, und er stellt sie daher als „8. Heft" den 7 Heften des ersten Teiles zur Seite[73]. Demgegenüber muß doch auf den entscheidenden Unterschied zwischen dem ersten und dem zweiten Teil hingewiesen werden, der darin liegt, daß der Protokollant im Tagebuch eben derjenige ist, um den es geht, während sich Rolf distanziert zu dem Geschehen verhält. Auch Steinmetz sieht eine formale Übereinstimmung zwischen den Heften 2, 4 und 6 und dem Nachwort, weil auch darin Stiller wieder von außen, in seiner Rolle, gezeigt werde, während die Hefte mit ungerader Numerierung versuchten, ein rollenloses Ich zu entwerfen[74]. Dagegen wäre zu sagen, daß ja auch ‚Mr. White' eine Rolle ist; ferner, daß Stiller nach seiner Erzählung praktisch außerhalb der Gesellschaft lebt, daß Rolf ihn also höchstens in seiner Rolle als Ehemann beschreiben kann. Am stärksten betont Michael Butler die Subjektivität des Staatsanwalts[75], während Jurgensen meint: „Rolf stellt seine epische Darstellung zu keiner Zeit in Frage; er bleibt der autoritäre, allwissende Erzähler"[76].

Ist der Staatsanwalt wirklich ein „allwissender Erzähler"? Höchstens wohl insofern, als er bereits das Ende der Geschichte – Julikas Tod – kennt und von daher seinen Bericht zusammenfaßt. An seiner Objektivität sind doch starke Zweifel anzumelden. Sein Verhältnis zu Stiller ist sicher zwiespältig. Von diesem wird er im Tagebuch immer als sein Freund bezeichnet; seine Freundschaft drückt sich jedoch kaum in echten Hilfeleistungen aus. Einmal besuchen er und seine Frau das Stillersche Ehepaar im Hotel, dann vergehen anderthalb Jahre bis zu seinem ersten Besuch in Glion. Stillers Anrufe während dieser Zeit, die wohl ein Zeichen seiner schwierigen Situation sind, sind Rolf „lästig". Vielleicht spielt in seinem Unterbewußtsein immer noch die Eifersucht auf den früheren Liebhaber seiner Frau eine Rolle, was ihm ja auch einmal – bei dem gemeinsamen Spaziergang zu dritt – zu Bewußtsein kommt: „In den übrigens seltenen Augenblicken solcher Art wurde mir das Vergangene doch sehr bewußt; unsere Gegenwart zu dritt bestürzt mich dann wie etwas Unmögliches, zumindest Unerwartetes" (416). Zum objektiven Berichterstatter eignet sich dieser Mann gewiß nicht[77].

Auch das Nachwort ist also aus einer subjektiven Perspektive heraus erzählt, was man beachten muß, um die Ehe Stillers mit Julika in ihrer letzten Etappe zu beurteilen. Rolf sieht in ihm den eigentlich Schuldigen, aber was er berichtet – Julikas mangelnde Anerkennung für ihren Mann, ihr Verschweigen der bevorstehenden Operation, schließlich die Tatsache, daß sie allein ins Krankenhaus geht – widerlegt eigentlich das, was er sagt. Wir wissen nicht, was in Julika vorgeht, denn es gibt in diesem Buch keinen allwissenden Erzähler, der ins Innere seiner Romanfiguren sehen kann. Die durchgehende Perspektivierung des gesamten Romans zeigt jede Figur entweder so, wie sie sich selbst sieht, oder als ‚Bildnis' in den Augen der andern, niemals aber losgelöst aus ihrer zwischenmenschlichen Verflechtung. Nicht epische Totalität, sondern Perspektivierung und Medialisierung sind die Kennzeichen dieser Erzählhaltung.

3.4 Zeitstruktur

Das Handlungsgerüst läßt sich in seinen wichtigsten Ereignissen zeitlich genau festlegen: 1935 nimmt Stiller am Spanienfeldzug teil, anschließend lernt er Julika kennen, ein Jahr später heiraten sie, die Ehe dauert 9 Jahre, das Jahr 1945 ist das Krisenjahr, in dem Julika in Davos liegt, während Stiller und Sibylle durch ihre Liebe ihre beiderseitigen Ehen in Frage stellen. Ende des Jahres verläßt Stiller heimlich Zürich, er ist sechs Jahre in Amerika, 1950 unternimmt er einen Selbstmordversuch, 1952 kehrt er in die Schweiz zurück, hier setzt die Handlung des Romans mit Stillers Verhaftung an der Grenze ein.

Wir haben also keine chronologisch erzählte Handlung vor uns, sondern ein kompliziertes Geflecht mehrerer Zeitebenen. Die Vergangenheit wird in Form von Rückerinnerungen und Berichten in die Gegenwart hereingeholt und mit ihr konfrontiert. Nur der zweite Teil ist chronologisch erzählt, er arbeitet mit starken Zeitraffungen: „Lange hörten wir nichts von ihnen ... Nach einem halben Jahr etwa ..." (390); „Wir hatten einander mehr als anderthalb Jahre nicht gesehen ..." (395). Lediglich die beiden Besuche im Oktober 1954 und im März 1955, als Julika stirbt,[78] werden ausführlich erzählt, hier nähert sich die Erzählzeit der erzählten Zeit.

Viel komplizierter ist dagegen die Zeitstruktur im ersten Teil. Wir haben mehrere Zeitebenen: die Vergangenheit Stillers von seiner Teilnahme am Spanienfeldzug ab bis zu seiner Flucht Ende 1945, den Amerikaaufenthalt, also gewissermaßen die Vergangenheit White's, und die Gegenwartsebene, die mit der Verhaftung Stiller/White's 1952 beginnt und mit dem Tod Julikas endet.[79] Dabei ist festzustellen, daß sich die Ereignisse der Vergangenheit, soweit sie Stillers Leben bis zu seiner Flucht betreffen, ziemlich genau datieren lassen. Ebenso werden im Nachwort

Zeitangaben gemacht, die Ostern 1955 als Zeitpunkt für den Tod Julikas ergeben. Dagegen kann man für das, was aus Amerika berichtet wird, keine genaue Datierung festlegen, mit Ausnahme des Selbstmordversuchs, den Stiller zwei Jahre vor seiner Rückkehr unternimmt. White hat keine Vergangenheit, die sich erzählen ließe, er gibt nur einzelne Impressionen wieder, einzelne, nicht chronologisch aufeinanderfolgende Erinnerungen, die sich meist auf den Aufenthalt in Mexiko beziehen. Diese Mexiko-Erinnerungen sind häufig im Präsens geschrieben, ein Zeichen für eine Art Zeitlosigkeit des dortigen Lebens. Es sind die Impressionen eines „rollenlosen", entindividualisierten Ichs,[80] das keine Vergangenheit und keine Zukunft kennt. Diese gewissermaßen zeitlose Existenzweise wird auch vom Tagebuch-Ich übernommen, das – entgegen dem üblichen Gebrauch – seine Eintragungen ohne Datum vornimmt. Wir können zwar den Frühherbst 1952 als Datum der Rückkehr festlegen, erfahren aber nicht genau, wie lange die Untersuchungshaft dauert. Lediglich der Verteidiger weist mit Terminangaben auf die ungefähre Länge der Untersuchungshaft hin, indem er seinen Klienten mahnt: „Gegen Ende September steigt die große Verhandlung, und Sie erzählen mir Märchen ..." (76). Offenbar zieht sich jedoch die Untersuchungshaft länger hin, denn im 3. Heft ist die Rede von einem „so goldigen Oktobertag" (194), den es zu nutzen gelte.

Die Gegenwartsebene – die Monate der Untersuchungshaft – wird nun der durch Rückwendung hereingeholten Vergangenheitsebene gegenübergestellt. Das 2. Heft holt dabei zeitlich am weitesten aus, es beginnt mit dem Kennenlernen Stillers und Julikas kurz nach seiner Rückkehr aus Spanien und erzählt von da an die Geschichte ihrer Ehe, jedoch nicht einfach chronologisch, sondern nach einer kurzen Schilderung des Anfangs und der Probleme dieser Ehe springt der Bericht sofort auf das Krisenjahr 1945 („das war vor etwa sieben Jahren" – 94). Dieses wird nun von Julikas Standpunkt aus ausführlich geschildert, dazwischen aber heißt es: „Hier wäre etwas nachzutragen" (139), und nun erst erfahren wir Stillers Spanienerlebnis aus dem Jahre 1935. Dies ist – mit Ausnahme einiger Kindheitserlebnisse, die aber nicht in unmittelbarer Beziehung zur Handlung stehen,[81] der früheste im Roman dargestellte Zeitpunkt. Dazwischen wird das oben bereits erwähnte Gespräch mit Knobel eingeschaltet. Die Gegenwart macht sich also immer wieder bemerkbar, auch in den Rückwendungen.

Die beiden anderen der Vergangenheit gewidmeten Hefte – 4 und 6 – haben zwar eine einfachere Zeitstruktur, weil sie fast ausschließlich vom Jahr 1945 handeln. Aber auch hier ist die Erzählung immer wieder durch Einschübe in der Gegenwart unterbrochen, nicht nur durch die bereits erwähnten Bemerkungen und Kommentare des Tagebuchschreibers, sondern auch durch Ereignisse und Reflexionen in der Gegenwart. So heißt es im 4. Heft plötzlich: „Sibylle (die Frau meines Staatsanwalts) hat gestern kurz nach Mitternacht ein beinahe siebenpfündiges Mädchen geboren" (218), oder im 6. Heft: „‚Männer sind komisch!', findet Sibylle noch heute" (284), und nach dem Bericht, daß Sibylle sich in Le Havre eingeschifft habe: „Mein Freund, der Staatsanwalt, meldet, daß die Schlußverhandlung (mit Urteilsspruch) auf Dienstag in acht Tagen angesetzt ist" (308). Die Gegenwart bleibt also im Bewußtsein des Lesers immer vorhanden. Karlheinz Braun kommentiert diesen Sachverhalt folgendermaßen: „Es ist deutlich, daß in diesen Heften die Vergangenheit dominiert, doch Frisch macht von der Möglichkeit, die momentane Gegenwart aufleuchten zu lassen, so reichlich Gebrauch, daß sich hier Vergangenheit und Gegenwart eigentümlich vermischen"[82].

Versuchen wir, die Ergebnisse dieser Untersuchungen kurz zu skizzieren:

1. Wir finden nirgends eine einlinige chronologische Entwicklung, auch nicht in den die Vergangenheit hereinholenden Rückwendungen; Stiller hat kein Leben, das sich als kontinuierliche Entwicklung darstellen ließe.
2. Die White-Handlung vermag auch in Gesprächen und Rückwendungen keine Vergangenheit für das „neue Ich" darzulegen, es erweist sich auch hier als ein „Ich ohne Geschichte".
3. Das Jahr 1945, das sowohl für das Stillersche Ehepaar als auch für Rolf und Sibylle ein Krisen- und Schicksalsjahr ist, wird dreimal – aus verschiedenen Perspektiven – wiedergegeben. Es nimmt also innerhalb der Erzählzeit einen breiten Raum ein (über ein Viertel des gesamten Romans, ein Drittel des ersten Teils).
4. Vergangenheit und Gegenwart bleiben ineinander verflochten. Dadurch entstehen Brechungen, so daß sich die Ereignisse gegenseitig spiegeln und erhellen.

Das 7. Heft nimmt, wie in der Erzählhaltung, so auch in der zeitlichen Struktur eine Sonderstellung ein. Es enthält zunächst, ebenso wie die anderen Hefte mit ungerader Numerierung, Erlebnisse im Gefängnis, also in der Gegenwartsebene: Besuch beim Zahnarzt, Gespräch mit dem Staatsanwalt, Gang auf den Friedhof und Besuch von Freunden, gemischt mit Reflexionen und Erinnerungen an Mexiko, die übrigens wieder im zeitlosen Präsens geschrieben sind. Danach folgt die Rückwendung auf Stillers Vergangenheit in Ich-Form, beginnend mit den Worten: „Es ist ja nicht wahr ..." (334). Schließlich wird ein ganzer Tag im Gefängnis protokolliert, eingeleitet durch Überschriften der Tageszeiten: 1. Der Vormittag, 2. Das Mittagessen, 3. Der Nachmittag. Diese Protokolle werden immer ausführlicher, der Bericht vom Nachmittag nimmt 23 Seiten ein (355–378). Hier nähert sich die Erzählzeit der erzählten Zeit, so wie sich die Whitehandlung der Stillerhandlung nähert und schließlich mit ihr verschmilzt. Das Protokoll war bisher die Form, in der die Vergangenheit Stillers dem Leser vermittelt wurde. Daß sie hier auf die Gegenwartsebene, den Aufenthalt im Gefängnis, angewandt wird, ist ein Zeichen dafür, daß der Tagebuchschreiber White Stillers Vergangenheit als die seinige übernimmt. Das Gefühl, ein neuer, anderer Mensch zu sein, das ihn auch jetzt nicht verläßt, wird erst jetzt, unmittelbar vor der Urteilsverkündung, durch den Bericht von seinem Selbstmordversuch und die daraus resultierende Empfindung einer Neugeburt begründet (381). Dies ist die einzige Rückwendung auf den Amerikaaufenthalt, die zeitlich datiert wird: „Vor etwa zwei Jahren versuchte ich, mir das Leben zu nehmen" (378).

Auf dieses Ereignis wird allerdings im Tagebuch fortwährend schon hingedeutet. Diese Andeutungen bleiben dem Leser zunächst ja noch unklar. So entdeckt Julika schon kurz nach dem Wiedersehen die Narbe über dem rechten Ohr, die von dem Selbstmordversuch zurückgeblieben ist, und will wissen, woher er sie habe. Er antwortet mit einer „Geschichte" (68). Am Ende des ersten Buches wird wiederum – anläßlich des Selbstmords des Juden – auf sein eigenes Erlebnis hingedeutet: „Jetzt bilde ich mir sogar ein, er wäre der einzige gewesen, dem ich meine Erfahrung hätte mitteilen können – die sonst kaum mitteilbare Begegnung mit meinem Engel" (85). Zu Beginn des 5. Heftes wird das Motiv des Selbstmords durch den Besuch des Ehepaars Haefeli wieder angeschlagen und zu Stiller, mit dem der Sohn offenbar seine Selbstmordpläne besprochen hat, in Beziehung gesetzt.

Die Technik dieser Andeutungen wird auch auf andere Ereignisse angewandt. Braun hat darauf hingewiesen, daß insbesondere die Postscripta diese Andeutungen enthalten.[83] Da die Form des Tagebuchs eigentlich Postscripta überflüssig macht, werden diese Andeutungen durch das PS. besonders hervorgehoben ... So heißt es z. B. unter PS.: „Wo war ich am 18. 1. 1947?" (18). Der Leser kann hier noch nicht wissen, welche Bedeutung dieses Datum für die Spionageaffäre hat; erst zu Beginn des zweiten Teils wird diese Frage durch den Staatsanwalt geklärt. Ebenso unverständlich ist der als Postscriptum gebrachte Hinweis auf den Lokaltermin in Davos im ersten Heft (64), solange man die Ehegeschichte und die Bedeutung, die Davos für sie hat, noch nicht kennt. Diese Andeutungen erhöhen die Spannung des Lesers, sie passen zum Stil des Kriminalromans, als der das Buch ja beginnt.[84] Mit der zunehmenden Klärung der Vergangenheit werden auch die Andeutungen in der Gegenwartsebene verständlich. So haben wir auch hier das Prinzip gegenseitiger Spiegelung und Erhellung.

3.5 Motivstruktur

Das Anklingen von Motiven, die später wieder aufgenommen werden, ist jedoch nicht nur eine Technik, um die Spannung des Lesers zu erregen. Es gehört zur Motivtechnik überhaupt, die Frisch in diesem Werk anwendet. Der eben genannte Lokaltermin in Davos ist ein Beispiel dafür. Der Untersuchungshäftling muß die Promenade abschreiten, auf der er fast sieben Jahre vorher mit Julika gegangen ist, muß wie damals Eichhörnchen sehen, Schnecken essen etc. (67).[85] Julika reist mit der Bahn zurück, mit der sie einst versucht hatte, aus dem Sanatorium zu fliehen. Unmittelbar darauf heißt es: „Meine Angst: die Wiederholung –!" (68). Wiederholung, für Stiller ein existentielles Problem, wird hier zum Strukturelement. Dies gilt für zahlreiche Motive. Auf das ständige Erscheinen des Selbstmordmotivs wurde oben schon hingewiesen. Der erneute Ausbruch von Julikas Krankheit in Glion wird schon angedeutet durch das gleiche Ambiente wie in

Davos: rotes Bähnchen („Funiculaire“) und Veranda mit Jugendstilverglasung (124/412, 113/397, 402 u.a.). Die Nußknackersuite, bei der sich Stiller und Julika kennengelernt haben, taucht immer wieder auf, ebenso der Traum von den Wundmalen, von denen der Tagebuchschreiber mehrfach, jedesmal etwas abgewandelt, berichtet (63, 333); im zweiten Teil wird dieses Motiv bei dem Gespräch zwischen Rolf und Stiller aus der Sphäre des Unbewußten herausgehoben in die des Bewußtseins. „Nicht jedes Paar wird sich zum Kreuz“, heißt es da (426). Die Geschichte von der Katze durchzieht ebenfalls leitmotivartig den ersten Teil (61, 187, 339, 380). Diese immer wiederkehrenden Motive sind sinnfälliger Ausdruck der im Roman dargestellten Probleme und strukturieren das scheinbar wahllos zusammengesetzte Tagebuch; gleichzeitig schaffen sie eine formale Verbindung zwischen dem ersten und dem zweiten Teil.

Neben der Strukturierung durch die Zeit und durch immer wiederkehrende Motive gibt es auch die durch immer wiederkehrende Orte. Als Stiller mit Rolf zum Mittagessen fährt, erinnert er sich an seinen ersten Spaziergang mit Julika in dieser Gegend (349ff.). Er schreibt dazu: „Daß Jahre vergehen und manches geschieht, wer sieht es! Alles ist eins, Räume voll Dasein, nichts kehrt uns wieder, alles wiederholt sich“ (352). So wiederholen sich die Räume: Zürich, Paris, New York. Stiller ist mit Sibylle auf dem Zürcher See gesegelt, nun segelt er mit Julika während eines Kautionsnachmittags dort. Sein Atelier spielt nicht nur für seine Ehe- und seine Liebesgeschichte eine Rolle, sondern auch für das Problem der Selbstannahme, denn Stiller schlägt dort – kurz vor seiner Verurteilung zu sich selbst – alles kurz und klein. In New York lebt nicht nur er zeitweise, sondern auch Sibylle, Rolf besucht sie dort und gewinnt seine Frau zurück. Paris wird zum Prüfstein für Stillers und Sibylles Liebe, denn sie wollen immer gemeinsam hinfahren, aber ihm fehlt der Mut dazu. Als er schließlich seiner Ausstellung wegen hinfährt, kommt Sibylle nicht mit; später lebt Julika dort. In Pontresina geht die Liebesgeschichte, das „Siebenmonatsverhältnis“, zu Ende; während Stillers Untersuchungshaft reisen Rolf und Sibylle dorthin. Auf die Beziehung zwischen Glion und Davos wurde schon hingewiesen. Vielleicht besteht auch eine gewisse Verbindung von Glion zu Mexiko, wenn Stiller dort seine Töpfereien mit mexikanischen

Ornamenten verziert. Nach Julikas Tod lebt er dort allein, fern der Gesellschaft, geschichtslos wie in Mexiko. Räume erhalten damit auch eine metaphorische Bedeutung; in ihnen verdichten sich die Ereignisse und Probleme des Romans. Wiederholung, Spiegelung und Variation sind die Strukturprinzipien dieses Werkes.

3.6
Sprache und Stil

Max Frischs Sprache ist zwar häufig bewundert, doch, soweit wir sehen, noch nicht näher untersucht worden. Sein Stil hat etwas Leichtes, Schwebendes, was mit dem Überwiegen der parataktischen Reihung zusammenhängen mag. „Er erzählt beiläufig, lokker, allgemein verständlich, manchmal ein wenig ausschweifend, dennoch immer aufs Wesentliche der Erzählung, der Rede gerichtet, dabei mit Humor ...", so charakterisiert Helmut Heissenbüttel Frischs Stil.[86] Joachim Kaiser hat auf die Bedeutung der Klammer aufmerksam gemacht, die typisch für Frischs Stil sei.[87] Auch im *Stiller* finden sich zahlreiche Klammern, so heißt es z. B. über den Verteidiger: „Er ist (begreiflicherweise) gegen die Zukunft" (195), oder über den Staatsanwalt: „Mein Staatsanwalt hält die Ehe (offenbar haben ihn gewisse Erfahrungen daran zweifeln lassen) für durchaus möglich, wenn auch schwierig" (199). Die Klammer ergänzt und präzisiert, aber sie ironisiert und distanziert auch, nicht nur in den „Protokollen" des 2., 4. und 6. Heftes, wenn das eingeschobene „(so sagt er selbst)", „(so sagt Sibylle)" etc. das Erzählte immer wieder vom Erzähler abrückt, sondern auch im eigentlichen Tagebuch: „So (ungefähr) werde ich zu Frau Julika Stiller-Tschudy sprechen ..." (343).

Walter Schenkers ausführliche Untersuchung behandelt nur einen Teilaspekt, nämlich die Rolle, die die schweizerische Mundart im Werk Max Frischs spielt. Dieser Aspekt interessiert uns hier nur insoweit, als er mit der Problematik des *Stiller* im Zusammenhang steht. Wenn nämlich Stiller in der Rolle White's seine Schweizer Herkunft verleugnet, so muß er darauf achten, keine Helvetismen in seine Aufzeichnungen einfließen zu lassen. Dies gilt natürlich vor allem für die Hefte 1, 3 und 5, während die Hefte mit gerader Numerierung ja das wiedergeben, was ihm andere erzählt haben sollen; hier besteht also kein Grund, schweizerische Redewendungen ängstlich zu vermeiden. So gebraucht er z. B. im 2. Heft den Ausdruck „Coiffeur“, den Max Frisch nach Schenkers Auskunft als typisch schweizerisch empfindet.[89] Ebenso heißt es im 2. Heft: „Kurz darauf erschien die Schwester, um sich zu erkundigen, ob Frau Julika wirklich nicht zu kalt hätte“ (144). Der Ausdruck „ich habe kalt“ statt hochdeutsch „mir ist kalt“ ist eindeutig schweizerisch, in diesem Zusammenhang jedoch als Äußerung der schweizerischen Krankenschwester bzw. Julikas auch für den Tagebuchschreiber unverfänglich. Eine ähnliche schweizerische Wendung (vielleicht vom Französischen beeinflußt) ist: „Die Sonne machte sehr warm“ (145), ein Ausdruck, den der Staatsanwalt in seinem Nachwort benützt.

Ob es allerdings White wirklich gelingt, das Tagebuch von Helvetismen frei zu halten, ist fraglich. So schreibt er z. B.: „Es war keine Kleinigkeit, die steifen Gladiolen einigermaßen zu büscheln“ (250). Das Wort „büscheln“ empfindet auch Frisch nach Schenker als mundartlich.[90] Je weiter das Tagebuch fortschreitet, desto weniger achtet der Schreiber darauf, keine Helvetismen zu gebrauchen; als er im 7. Heft seine Vergangenheit durch den Gebrauch der ersten Person als die seinige anerkennt, schreibt er z. B. wieder „Coiffeur“ (382) oder „die Sonne gibt warm“ (349).

Dies ist jedoch nur ein Teilaspekt, wenn man sich mit der Sprache im *Stiller* beschäftigt. Wichtiger erscheint uns die Tatsache, daß sich im *Stiller* verschiedene Stilebenen finden, die nicht unter dem Gesichtspunkt Hochsprache – Mundart zu fassen sind. Sie sind vielmehr abhängig von der Problematik und Struktur des Romans, wobei sich die eigentümliche Situation ergibt, daß der Titelheld, der sich ja schriftlich und mündlich gut zu artikulieren versteht, gerade dann verstummt, wenn es um seine persönlichste, existentielle Erfahrung geht. „Das ist es: ich habe keine Sprache für die Wirklichkeit“, heißt es unter PS. bereits am Ende des 1. Heftes. Und nach Reflexionen über die Frage, „wer er in Wirklichkeit ist“, schließt der Tagebuchschreiber diesen Abschnitt nochmals mit dem Satz: „Ich habe keine Sprache für meine Wirklichkeit!“ (84) „Jedes Wort ist falsch und wahr, das ist das Wesen des Worts ...“ (175), steht im 3. Heft, und schließlich reflektiert Stiller im 7. Heft im Zusammenhang mit dem Sinn des Tagebuchs: „Schreiben ist nicht Kommunikation mit Lesern, auch nicht Kommunikation mit sich selbst, sondern Kommunikation mit dem Unaussprechlichen. Je genauer man sich auszusprechen vermöchte, um so reiner erschiene das Unaussprechliche, das heißt die Wirklichkeit, die den Schreiber bedrängt und bewegt. Wir haben die Sprache, um stumm zu werden. Wer schweigt, ist nicht stumm.[91] Wer schweigt, hat nicht einmal eine Ahnung, wer er nicht ist" (330 f.). Das Verstummen, das in letzter Konsequenz zum Wechsel der Erzählerperspektive führt, setzt ein, nachdem er seine Vergangenheit als die seine anerkannt und, wenn auch nicht ohne Zwang, seine Identität als Stiller akzeptiert hat.[92] Vielleicht deutet auch der Name „Stiller" auf dieses Verstummen.

Diese Problematik der Sprache betrifft aber nur den innersten Kern der Stillerhandlung, seine existentielle Erfahrung mit dem „Engel", die er nicht in Worte fassen kann. Je weiter er sich von diesem Kern entfernt, desto leichter findet er die Worte. So z. B., wenn er Knobel beredt und farbig seine Abenteuer erzählt. Auch die halb komisch, halb spannend geschilderte Verhaftung an der Grenze, die mit ihren kurzen, in direkter Rede wiedergegebenen Wechselreden stark zum Szenischen tendiert, paßt zu dieser Stillage. Überhaupt werden Gespräche meist in direkter Rede wiedergegeben, nicht nur in dem aus dem Hörspiel erwachsenen Anfangskapitel, wodurch der Erzähler – zumindest scheinbar – zurücktritt und die Erzählung an Leben gewinnt.

Anders ist der Ton bei Landschaftsschilderungen, etwa bei der Schilderung der Wüste. Hier arbeitet der Erzähler mit Anaphern („Farben des glühenden Mittags, Farben der Dämmerung, Farben der unsäglichen Nacht" – 26), mit Wortwiederholungen („Sand und Sand und wieder Sand", ebd.), vor allem aber mit zahlreichen Vergleichen. Bei diesen Vergleichen fällt auf, daß sie häufig das Gesagte wieder einschränken: „wie Orgelpfeifen oder siebenarmige Leuchter, aber haushoch", „... nicht eigentlich grün, eher bräunlich wie Bernstein" (26). Manchmal wird auch der zunächst poetisch wirkende Vergleich durch den prosaischeren ersetzt: „... wie mattes Gold oder auch wie Knochenmehl" (ebd.)[93]. Dadurch wird der gehobene Stil immer wieder gebrochen. Ebenso heißt es am Schluß der Beschreibung der Wüste: „Es erfüllte uns, ich erinnere mich, ein feierlicher Übermut; kurz darauf platzte der hintere Pneu" (27).

Das eben beschriebene Stilmittel wird bei der zweiten großen Beschreibung, der New Yorks, noch häufiger angewandt.[94] Hier werden die Vergleiche immer wieder präzisiert; so heißt es: „... rot, nicht rot wie Blut, dünner, rot wie die Spiegellichter in einem Glas voll roten Weines" (315), oder „... gelb, aber nicht gelb wie Honig, dünner, gelb wie Whisky, grünlich-gelb wie Schwefel ..." (316) Neben den zahlreichen Vergleichen gibt es dort auch Metaphern: „Teichen voll Weißglut; Schwaden von buntem Nebel; Sterne über einer Sintflut von Neon-Limonade; Teppiche, die aber glühen ..." etc. (314f.) Die Widersprüchlichkeit dieser Riesenstadt, die der Erzähler „eine Orgie der Disharmonie" (315) nennt, spiegelt sich auch in zahlreichen antithetischen Fügungen.[95] „Menschen oder Termiten, Sinfonie und Limonade", „sinnlich und leblos zugleich, geistig und albern und gewaltig" (316).

Lyrischer im Ton ist die dritte größere Landschaftsbeschreibung dieses Textes, die einer Landschaft in der Nähe von Zürich, wo Stiller mit dem Staatsanwalt zu Mittag ißt und wo er vor vielen Jahren mit Julika war. Da heißt es z.B.: „... die Zeit streicht wie eine unsichtbare Gebärde über die Hänge" (351f.), oder „... eine bläuliche Geräumigkeit füllt die leeren Wipfel der Bäume, und wieder lodert das Welken an den Hausmauern empor, klettert das letzte Laub in glühender Brunst der Vergängnis" (352). Hier dominiert nicht die Beschreibung, sondern die durch die Landschaft ausgelöste Erinnerung.[96]

Sprache und Stil werden also für den Tagebuchschreiber von dem Verhältnis bestimmt, in dem sich das Dargestellte zu seiner persönlichen Problematik befindet. Während er dort, wo die Sprache die unmittelbare Erfahrung nicht ausdrücken kann, ins Parabolische ausweicht, sich in Geschichten und Träumen, in Bildern und Vergleichen auszudrücken sucht, kennt sein Verteidiger diese Schwierigkeit nicht. Für ihn, der ja eine „blanke und brauchbare Wahrheit" kennt, gibt es keine Hindernisse, diese Wahrheit in Worte zu fassen. Jedoch erstarrt die Sprache bei ihm zum Klischee. Seine große Rede im Atelier ist ein Musterbeispiel solch erstarrter Sprache, ihre satirische Wiedergabe läßt folgerichtig das Prädikat meist weg und gibt nur die Begriffe, an deren Geltung und Unantastbarkeit der Rechtsanwalt nicht zweifelt. Nicht das einzelne Wort, sondern die Aneinanderreihung entlarvt dabei den Klischeecharakter: „Pietät am Platze, Stiller nicht allein auf der Welt, Herrgott nochmal, sondern ein Glied in der Gemeinschaft, Halt in der Gemeinschaft, Pflichtbewußtsein am Platze ..., also Mut und ein bißchen Vernunft, ein bißchen Glaube an Gott und an Frau Julika, an die Ehe, an die Schweiz, an das Gute ..." (373) Die Sprache wird hier zum Mittel der satirischen Charakterisierung der Person und der mit ihr verbundenen Geisteshaltung. So wird das Wort „Wurzeln" viermal wiederholt, „Heimat" dreimal, „Opfer" dreimal, dazwischen stehen Wendungen wie „Freiheit nur in der Bindung, Ehe als sittliche Aufgabe und nicht als Vergnügen, Familie als Keimzelle des Volkes, alles mit gesundem Schweizersinn", die in dieser Aneinanderreihung und Häufung ebenso zu leeren Worthülsen werden wie die ungenauen, durch den Kontext banalisierten Goethezitate: „... das Ewig-Weibliche zieht hinan" und „Was du von deinen Vätern hast, erwirb es, um es zu besitzen, geistig gemeint, menschlich gemeint ..." (370ff.)

Zum Klischee tendiert auch die Sprache Sturzeneggers, sie hat jedoch nicht den biederen Überzeugungston des Rechtsanwalts, sondern neigt eher zur saloppen, burschikosen Umgangssprache,[97] so wenn er das Gefängnis ein „subventionierte(s) Appartement" nennt (242) oder wenn er sagt: „... du bist ja um die halbe Welt gestrolcht" (244). Daneben fällt er in den „Ton der Belehrung", in dem er nur vorträgt, was in den Zeitungen steht. Infolgedessen kommt er in der Beurteilung des Untersuchungshäftlings zu einem ähnlichen Ergebnis wie der Verteidiger, er sieht in ihm einen Nihilisten. Stillers Reaktion auf derartige Wortschablonen besteht entweder, wie in diesem Falle, in der Beschimpfung mit einem Ausdruck aus der Vulgärsprache oder, nach der Rede des Rechtsanwalts, in einem wortlosen emotionalen Ausbruch, der Zertrümmerung des Ateliers.

Wesentlich nüchterner und sachlicher als bei den beiden soeben charakterisierten Personen ist der Ton, den Rolf, der Staatsanwalt, anschlägt; er bestimmt auch den Stil in seinem Nachwort. Seine Bedachtsamkeit, die sich vor voreiligen Urteilen hütet, äußert sich in einschränkenden Wendungen wie „... ich hatte wohl kein Recht" (392), „Ich hatte wohl eine bestimmte Angst ..." (395) u.ä., ferner in dem häufigen Gebrauch einschränkender Adverbien wie „vielleicht", „beinahe", „wahrscheinlich" etc. Der Stil des Nachworts ist der des sachlichen Berichts auch dann noch, wenn er von Julikas Tod schreibt, bei dem er kein Wort der Anteilnahme oder der Erschütterung ausspricht. Insofern unterscheidet sich die durchgehende Stillage des zweiten Teils von der nuancenreicheren des ersten.

Diese Nuancen beziehen sich auch auf die als Protokoll ausgegebenen Hefte, vor allem auf zwei und sechs. Hier werden jedoch weniger die berichtenden Personen – Julika und Sibylle – durch Sprache charakterisiert, vielmehr ist es der Tagebuchschreiber selbst, der durch seinen Ton etwas von seinem Verhältnis zu den beiden Frauen deutlich macht. So ist das zweite Buch in einem leicht ironischen Ton geschrieben, der dem aufmerksamen Leser bereits signalisiert, daß der angeblich so objektiv Protokollierende die Leiden der armen Julika gar nicht so ernst nimmt. Dies kommt in der stereotypen Wendung „die arme Julika" oder „die schöne Julika" ebenso zum Ausdruck wie etwa in dem emphatischen Gebrauch des Wortes „dulden": „Was konnte sie, die Kranke in ihrer gläsernen Veranda, dagegen tun? Überhaupt nichts. Nichts als dulden, dulden, dulden ..." (126)[98]

Weniger ironisch – von einigen Ausnahmen abgesehen – ist der Ton, mit dem Sibylles Erlebnisse wiedergegeben werden. Stiller hat zweifellos zu dieser Episode seines Lebens mehr Abstand gewonnen als zu seiner Ehe. Wenn hier eine ironische Tonlage gewählt wird, so gilt sie meist ihm selbst und nicht Sibylle. So verführt sein Zorn über die Schweiz ihn in der Atelierszene manchmal zum Schwadronieren (265 ff.). Sibylles Selbstbewußtsein und Selbstsicherheit wird nur einmal, nämlich in Pontresina, ernsthaft erschüttert; hier demaskiert sie sich selbst durch ihre backfischhafte Sprache: „Sibylle plapperte wie ein Backfisch: von einem ‚himmlichen' Tänzer, jaja, der Franzose, von ‚toller' Stimmung, ihr Zimmer war ‚süß', die Piste war ‚maximal'" usw. (296)

Die Grenzen der Sprache im *Stiller* lassen sich also einerseits durch einen ironischen, manchmal satirisch zugespitzten Ton, andererseits durch das Versagen der Sprache bis zum Verstummen hin kennzeichnen. Dazwischen liegen verschieden nuancierte, im ganzen aber doch in einem für Frisch charakteristischen Stil gehaltene Partien, deren Höhepunkte Beschreibungen wie die der Wüste und des abendlichen New York, aber auch die des Inneren der Höhle in Texas bilden. Charakteristika dieses Stils sind, wie schon erwähnt, das Überwiegen der Parataxe, häufige Einschübe mit und ohne Klammern, aber auch zahlreiche Fragen, die vor allem für die Reflexionen des Tagebuchschreibers bezeichnend sind. Dort, wo sich hypotaktische Fügungen finden, sind sie häufig konzessiver Art, eingeleitet durch das für Frisch typische „obschon". Auch die Einschübe sind oft in einschränkendem Sinne gebraucht, seltener sind kausale und finale Fügungen. Dadurch entsteht jener leichte, schwebende, von Ironie und Skepsis getragene Stil, der den Leser nicht manipuliert, sondern ihm die Freiheit des eigenen Urteils überläßt, so wie ja auch sein Autor keine fertigen Lösungen anbietet.[99] Vielleicht ist gerade dies einer der Gründe für die Wirkung Frischs in unserer Zeit.

Unterrichtshilfen

1
Didaktische Aspekte

Im Eingangskapitel wurde bereits darauf hingewiesen, daß *Stiller* nur ein Gegenstand für den Deutschunterricht der Sekundarstufe II ist, und zwar sowohl aus inhaltlichen wie auch aus formalen Gründen. Das Identitätsproblem und die Ich-Du-Beziehung, die in der Ehekrise gipfelt, setzen ebenso wie die komplizierte Zeit- und Erzählstruktur eine gewisse Leseerfahrung und innere Reife voraus. Dabei wäre ein Leistungskurs sicher das ideale Forum zur Behandlung dieses Romans, jedoch lassen sich auch in einem Grundkurs die wichtigsten Probleme behandeln. Wünschenswert wäre die Kenntnis anderer Texte Frischs, wie z. B. des Stükkes *Andorra*, das ja meist schon am Ende der Sekundarstufe I behandelt wird, sowie des *Homo faber*, der häufig zu Beginn der Sekundarstufe II Unterrichtsgegenstand ist. Beide Texte stehen in thematischer und struktureller Nähe zu unserem Roman. Natürlich lassen sich beide auch unmittelbar mit *Stiller* zu einer Unterrichtsreihe verbinden, an die sich in einem besonders guten Leistungskurs die Interpretation von *Mein Name sei Gantenbein* anschließen kann. Auf den geistesgeschichtlichen Bezug zum Bildungsroman wurde bereits anfangs (s. S. 7 f. dieser Arbeit) hingewiesen. Inwieweit allerdings *Wilhelm Meisters Lehrjahre* heute noch in den Deutschunterricht einbezogen werden kann, ist fraglich. Es bleibt dem Lehrer überlassen, evtl. auf diesen geistesgeschichtlichen Bezug hinzuweisen bzw. ihn herauszuarbeiten. Schließlich gehört *Stiller* in jedem Fall in eine Unterrichtsreihe über den deutschen Nachkriegsroman. Zwar ist der historisch-gesellschaftliche Hintergrund bei dem Schweizer Autor anders als etwa bei Böll, Grass oder Walser, jedoch sind die Probleme einer modernen Wohlstandsgesellschaft und des Verhältnisses des einzelnen zu ihr hier wie dort ähnlich. Hinzu kommt, daß durch die Einbeziehung Amerikas die Probleme der Gesellschaft auf dem alten Kontinent um so schärfer hervortreten. Noch deutlicher ist die formale Nähe des *Stiller* zum westdeutschen Nachkriegsroman: Auflösung der chronologischen Handlungsstruktur, Perspektivierung des Geschehens durch verschiedene Erzähler, enger Verweisungszusammenhang innerhalb der Motivstruktur etc. Dabei muß die Auswahl der vergleichbaren Romane dem Lehrer oder der Bezugsgruppe überlassen werden (vgl. dazu auch S. 9 dieser Arbeit).

Die Tatsache, daß seit Erscheinen des *Stiller* mehr als drei Jahrzehnte vergangen sind, scheint dagegen nicht wesentlich ins Gewicht zu fallen.[100] Bestimmte Aspekte des Romans haben dabei sogar an Aktualität gewonnen; das gilt etwa für die Rolle der Frau. Der heutige Leser bzw. die Leserin wird Darstellung und Verhalten der Frauen im Roman mit besonderem Interesse verfolgen. Während sich bei Sibylle ein geglückter Emanzipationsprozeß vollzieht, der ihr auch einen Neubeginn ihrer Ehe ermöglicht, scheint uns heute der Versuch Stillers, Julika zu „erlösen", von vornherein fragwürdig. Das Scheitern des erneuten Zusammenlebens des Paares Stiller–Julika liegt wohl auch in dieser falschen Auffassung von der Rolle des Mannes begründet.

Der religiöse und philosophische Aspekt des Romans wird im Deutschunterricht sicher nicht erschöpfend behandelt werden können. Hier könnte eine fächerübergreifende Zusammenarbeit mit dem Philosophie- und dem Religionsunterricht hilfreich sein.

2
Unterrichtssequenz

Zu Beginn der Behandlung sollten zunächst die Leseeindrücke ausgetauscht und Verständnisfragen des Textes geklärt werden. Dazu gehört auch die Erörterung des historischen Hintergrundes (Spanienkrieg) sowie eine grobe Skizzierung des Handlungsverlaufs. Aus einem solchen einführenden Unterrichtsgespräch ergibt sich von selbst, wo Akzente gesetzt werden müssen und in welcher Reihenfolge dies geschieht. Da dieses Verfahren von der jeweiligen Bezugsgruppe abhängt, ist die Gliederung der folgenden Unterrichtssequenz nur eine Möglichkeit von mehreren; wir übernehmen hier die Reihenfolge der Interpretation in diesem Buch und beginnen daher mit der Behandlung des Gehalts.

Abkürzungen

GA = Gruppenarbeit
GK = Grundkurs
HA = Hausaufgabe
KRef = Kurzreferat
LK = Leistungskurs
LV = Lehrervortrag
Ref = Referat
SV = Schülervortrag
UG = Unterrichtsgespräch

1.

Gegenstand	Identitätsproblematik *(Doppelstunde)*
Didaktischer Aspekt	Klärung des Begriffs „Identität“
Unterrichts-verlauf	Aufsuchen wichtiger Textstellen zum Problem der Identität und der Selbstannahme in den Heften 1, 3, 5 und 7 (GA). Hinweis auf Kierkegaard (LV). Behandlung des ersten Mottos
Methodische Hilfen/ Impulse	Warum will Stiller nicht er selbst sein? Warum nennt er sich White? Wie ist die Identitätsproblematik in die Handlung integriert (falscher Paß, Urteil)? Welche Folgen hat seine Weigerung, Stiller zu sein, für ihn?
Hausaufgabe	Vertiefte Lektüre unter den erarbeiteten Gesichtspunkten

2.

Gegenstand	Der Begriff der Rolle *(Einzelstunde)*
Didaktischer Aspekt	Rolle als soziologisches Phänomen
Unterrichts-verlauf	Ausgehen von der Redewendung „eine Rolle spielen“, Herleitung vom Theater. Anwendung auf das tägliche Leben, Rollenspiel in verschiedenen Lebensbereichen (beruflich, privat, politisch etc.)
Methodische Hilfen/ Impulse	Reflexion über die Rolle, die der Schüler in der Gesellschaft, in Schule und Elternhaus spielt
Hausaufgabe	Rollendarstellung nach freier Wahl

3.

Gegenstand	Der Begriff der Rolle im *Stiller (Einzelstunde)*
Didaktischer Aspekt	Anwendung des erarbeiteten Begriffs auf den Text
Unterrichts-verlauf	Stiller als Künstler, als Ehemann und Liebender, als Spanienkämpfer. Welche Rolle wird ihm zugewiesen a) im Beruf, b) im Privatleben, c) in der Öffentlichkeit?
Methodische Hilfen/ Impulse	Wie wird Stiller von der Gesellschaft gesehen (Zusammenkunft mit alten Freunden, Kritikern etc.)? Woran scheitert er? Problem der Selbstüberforderung durch Internalisierung von Rollenvorstellungen
Hausaufgabe/ Schülerreferat	Analyse des Besuchs Sturzeneggers bei Stiller im Gefängnis (241–249)

4. (LK)

Gegenstand	Bildnisverbot *(Einzelstunde)*
Didaktischer Aspekt	Zusammenhang von Bildnis und Vorurteil
Unterrichtsverlauf	Herleitung des Bildnisverbots aus den 10 Geboten (Umdeutung durch Frisch)
Methodische Hilfen/ Impulse	Inwiefern macht sich Stiller ein Bildnis von Julika und diese von ihm? Warum gelingt es ausgerechnet dem Staatsanwalt, Stillers Vertrauen zu gewinnen?
Schülerreferat	Anwendung der Bildnisproblematik auf andere Werke Frischs, z. B. *Tagebuch I, Andorra*

5.

Gegenstand	Die Darstellung der Frauen *(Einzelstunde)*
Didaktischer Aspekt	Emanzipation der Frau in der bürgerlichen Gesellschaft
Unterrichtsverlauf	Charakterisierung Julikas als Ehefrau und Künstlerin. Sibylle als Ehefrau, Geliebte und emanzipierte Frau in New York
Methodische Hilfen/ Impulse	Inwiefern unterscheiden sich die beiden Frauen (Julika bleibt unverändert, Sibylle macht eine Entwicklung durch)? Woran scheitert das Verhältnis zwischen Stiller und Sibylle? Warum gelingt die Erneuerung seiner Ehe nicht?
Hausaufgabe	Charakteristik Julikas

6.

Gegenstand	*Stiller* als Zeit- und Gesellschaftsroman *(Einzelstunde)*
Didaktischer Aspekt	Literatur als Spiegel der Gesellschaft
Unterrichtsverlauf	Darstellung der Schweiz/Leben im Kleinstaat, Gegenüberstellung Amerikas. White's Leben in den USA und in Mexiko, Sibylles Eindrücke vom Leben in New York, Rolfs Eindruck von der Stadt
Methodische Hilfen/ Impulse	Wie stellt Frisch seine Mitbürger dar? Läßt sich die Charakteristik der Schweiz auf die Bundesrepublik übertragen? Welchen Eindruck hat Sibylle von der amerikanischen Gesellschaft?
Hausaufgabe	Charakteristik Bohnenblusts und Sturzeneggers

7.

Gegenstand	Die Struktur des Romans *(Einzelstunde)*
Didaktischer Aspekt	*Stiller* als moderner Roman
Unterrichts-verlauf	Aufteilung des Romans, Wechsel der Erzählperspektive. Nachwort des Staatsanwalts: Ist es als 8. Heft zu bezeichnen?
Methodische Hilfen/ Impulse	Was leistet der Wechsel der Erzählperspektive? In welcher Form mischt sich das protokollierende Ich Stiller/White ein? Wie äußert sich die Spannung zwischen erzählendem und erlebendem Ich?
Hausaufgabe (Nur für LK)	Die Tagebuchform bei Max Frisch (SV oder GA)

8.

Gegenstand	Zeit- und Motivstruktur *(Einzelstunde)*
Didaktischer Aspekt	Erkennen der Zeitstruktur und der Motivverflechtung im modernen Roman
Unterrichts-verlauf	Herstellung einer chronologischen Skizze der im Roman geschilderten Ereignisse. Zusammenstellung immer wiederkehrender Geschehnisorte (Atelier, rotes Bähnchen, Davos etc.) und Motive
Methodische Hilfen/ Impulse	Welches ist das früheste im Roman genannte Ereignis, welches das späteste? In welchem Jahr verläßt Stiller Europa, wann kehrt er zurück? Lassen sich für sein Leben in Amerika Daten festlegen? Wann stirbt Julika? Welche Funktion hat die Wiederholung bestimmter, immer wiederkehrender Motive?
Hausaufgabe	Zusammenstellung wiederkehrender Motive, Herstellung einer graphischen Darstellung der Zeitstruktur, jeweils in GA

9. (LK)

Gegenstand	Bedeutung und Funktion der parabelhaften Erzählungen *(Einzel- oder Doppelstunde)*
Didaktischer Aspekt	Modernes Erzählen als parabolisches Erzählen
Unterrichts-verlauf	a) selbständige, in sich geschlossene Erzählungen: Isidor, Rip van Winkle, Höhlengeschichte b) gleichnishafte Erzählabschnitte, z. B. die Geschichte von

	der Katze, Darstellung der Farbigen etc. Herstellung des Bezugs der Geschichten zum Roman (für GK nur Isidor und Rip van Winkle)
Methodische Hilfen/ Impulse	Warum erzählt Stiller seinem Verteidiger „Märchen"? (76) Warum erzählt er Knobel Abenteuergeschichten? Warum erzählt er Julika gleich zu Anfang die Isidorgeschichte? Welche Beziehung besteht zwischen Stiller und Rip van Winkle? Die Höhlengeschichte (nur LK)
Schülerreferat	*Rip van Winkle* von Washington Irving und von Max Frisch (Vergleich)

10. (LK)

Gegenstand	Die verschiedenen Sprachebenen des Romans *(mindestens eine Doppelstunde)*
Didaktischer Aspekt	Das Auftreten verschiedener Sprachebenen im modernen Roman
Unterrichtsverlauf	Analyse des Erzählstils White's (H. 1, 3, 5 u. 7), des Tagebuchschreibers (H. 2, 4, 6), des Staatsanwalts (Nachwort), des Verteidigers (Rede im Atelier, 370 ff.)
Methodische Hilfen/ Impulse	Wie viele Sprachschichten lassen sich im Roman auflisten? Was bewirkt die Gegenüberstellung verschiedener Sprachschichten (Verfremdung, ironische Brechung)? Welche sprachlichen Signale finden sich in den Protokollen? Inwiefern charakterisiert sich der Verteidiger sprachlich selbst?
Hausaufgabe	Unterrichtsprotokoll

3 Klausurvorschläge

Grundkurs

1. Aufgabe: Julika in Davos. Textanalyse. Text (113–116)
   a) Ordnen Sie diese Textstelle in den Handlungszusammenhang ein.
   b) Wie erlebt Julika die Situation?
   c) Welche Bedeutung hat der junge Jesuit?
   d) Beschreiben Sie die Besonderheit der Erzählperspektive und klären Sie die Funktion.
2. Aufgabe: Mr. White's Ankunft in Zürich. Textanalyse. Text (9–11 oben)
   a) Welche Informationen enthält der Erzähleinsatz?
   Welche Erwartungen werden beim Leser erzeugt?

b) Stellen Sie Auffälligkeiten in Erzählhaltung und Sprache dar. Inwiefern erweisen diese sich als typisch für den Roman?

3. Aufgabe: Deutung des Romanschlusses. Textanalyse. Text (437f., Schluß)
   a) Untersuchen Sie die hier zitierte Beschreibung Julikas und deren Deutung durch den Staatsanwalt.
   b) Halten Sie seine Schuldzuweisung für berechtigt?
4. Aufgabe: Rolfs New-York-Erlebnis. Textanalyse. Text (314, Z. 24–316, Z. 14)
   a) Analysieren Sie die Stadtbeschreibung: Bildkomposition, Farben, Sprachbilder, symbolische Elemente.
   b) Wie erlebt Rolf das Bild der nächtlichen Stadt New York, und wie deutet er dieses für sich (subjektive Sinngebung)?

Leistungskurs

1. Aufgabe: Darstellung der Wüste. Textanalyse. Text (26, Z. 9–28)
   a) Stellen Sie das Besondere des Geschehens- und Erzählzusammenhangs dar.
   b) Analysieren Sie die Bildlichkeit: Licht- und Farbwirkung, Sprachbilder usw.
   c) Analysieren Sie die Sprache. Achten Sie auf Leitwörter, Wortfelder, Satzbau und andere sprachliche Bauformen. Untersuchen Sie auch Art und Wirkung der Rhythmisierung.
   d) Subjektive Sinngebung durch Stiller – Beziehung zu seiner existentiellen Situation
2. Aufgabe: s. Grundkurs: 2. Aufgabe a) und b)
   c) Vergleichen Sie diesen Erzähleinsatz mit dem eines traditionellen Romans (19. Jahrhundert) Ihrer Wahl. Heben Sie epochentypische Unterschiede hervor.
3. Aufgabe: s. Grundkurs: 3. Aufgabe a) und b)
   c) Zeigen Sie den Zusammenhang dieser Textstelle mit Frischs Bildnis-Philosophie auf.
4. Aufgabe: s. Grundkurs: 4. Aufgabe a) und b)
   c) Analysieren Sie auffallende semantische und syntaktische Elemente: Sprachebenen, Bedeutungsfelder, Bedeutungskopplungen und wertendes Vokabular sowie Satzbau und Rhythmisierung.
   d) Welche Wirkung erzielen diese analysierten Elemente?

4
Materialien

Mat. 1 „Du sollst dir kein Bildnis machen“

„Es ist bemerkenswert, daß wir gerade von dem Menschen, den wir lieben, am mindesten aussagen können, wie er sei. Wir lieben ihn einfach. Eben darin besteht ja die Liebe, das Wunderbare an der Liebe, daß sie uns in der Schwebe des Lebendigen hält, in der Bereitschaft, einem Menschen zu folgen in allen seinen möglichen Entfaltungen. Wir wissen, daß jeder Mensch, wenn man ihn liebt, sich wie verwandelt fühlt, wie entfaltet, und daß auch dem Liebenden sich alles entfaltet, das Nächste, das lange Bekannte. Vieles sieht er wie zum ersten Male. Die Liebe befreit es aus jeglichem Bildnis. Das ist das Erregende, das Abenteuerliche, das eigentlich Spannende, daß wir mit den Menschen, die wir lieben, nicht fertigwerden: weil wir sie lieben; solang wir sie lieben. Man höre bloß die Dichter, wenn sie lieben; sie tappen nach Vergleichen, als wären sie betrunken, sie greifen nach allen Dingen im All, nach Blumen und Tieren, nach Wolken, nach Sternen und Meeren. Warum? So wie das All, wie Gottes unerschöpfliche Geräumigkeit, schrankenlos, alles Möglichen voll, aller Geheimnisse voll, unfaßbar ist der Mensch, den man liebt –
Nur die Liebe erträgt ihn so.“

(Aus: Max Frisch: Tagebuch 1946–1949. Frankfurt 1950, 31)

Mat. 2 Zum Begriff der Rolle

„Aus einer Reihe von Gründen darf man den Begriff der Rolle als zentrale Kategorie der Soziologie bezeichnen. Schon deskriptiv und zur Einführung in soziologisches Denken ist der Begriff recht nützlich. Gesellschaft heißt, daß menschliches Verhalten nicht den Gesetzen der Zufallswahrscheinlichkeit folgt, sondern durch Normen geregelt erscheint. Soziale Normen betreffen den Einzelnen aber stets in sozialen Positionen, also ‚als‘ Vater, Lehrer, Vereinsmitglied usw. Hier erscheinen sie als Erwartungen an das Verhalten, denen man sich nicht ungestraft entziehen kann. Es gehört also zu jeder Position gleichsam eine Schauspieler-Rolle, eine Anweisung, wie wir sie auszuführen haben. Indem Gesellschaft uns ständig solche Anweisungen erteilt, schafft sie die unentbehrliche Sicherheit und Verläßlichkeit der sozialen Umwelt; durch denselben Akt wird sie zum Ärgernis, das uns unausweichlich in den Bann schlägt.
Der Ausdruck ‚Rolle‘ für diese Erfahrungen bietet sich an; wenn man sich auch hüten muß, die Uneigentlichkeit des Schauspiels auf soziale Zusammenhänge zu übertragen. Immerhin kann die Geschichte der Schauspielmetapher als Geschichte des Denkens in Rollenkategorien gelten.“

(Aus: Wilhelm Bernsdorf (Hrsg.): Wörterbuch der Soziologie. Bd. 3. Frankfurt 1973, 673 f.)

Mat. 3 „Menschliches Handeln ist … nicht insgesamt, wohl aber wesentlich doch auch Rollenhandeln. – Wer nun darin ein *Freiheitsproblem* sieht und dem Menschen als Rollenträger im Sinne einer Marionette den autonomen einzelnen (vorbildhaft) gegenüberstellt, der verkennt vielleicht die hier so verstandene Unvermeidbarkeit rollengebundenen Handelns.

Würde er sie nicht leugnen, dann könnte er immer noch nach Art des ‚Ich-will-aber-nicht' von einem sog. rollenlosen Individuum als Denkmodell ausgehen. Falls ihm das jedoch selbst fragwürdig ist und er im übrigen den Rollenbegriff nicht einschränkt auf Zumutungen bzw. als Zumutungen empfundene gesellschaftliche Ansprüche, dann bliebe ihm eigentlich nichts anderes übrig, als auf fehlende innerlich überzeugte Anerkennung vorgegebener Rollen als Indiz für Autonomieverlust hinzuweisen. Damit wäre man allerdings wiederum beim Einverständnis mit alten oder neuen gesellschaftlichen Ansprüchen angelangt, von dem jedoch gilt, daß unser Einverständnis jenen Normen nicht ihren verpflichtenden Charakter nimmt. Das *‚Ich soll'* und *‚Ich muß'* ist zu einem *‚Ich will'* geworden … Die mögliche ‚Illusion' kommt darin zum Ausdruck, daß man etwas als sinnhaft, wertvoll und bedeutungsgeladen erkennt und empfindet, was in Wahrheit als Gebot sozial definiert ist. Autonomie erweist sich so gesehen als sozial vermittelt und als gesellschaftlich bedingt überhaupt nur möglich.

Das ist sicherlich nicht die ganze Wahrheit im Verhältnis von Mensch und Gesellschaft … Es erscheint jedoch nicht angebracht, rollenbezogenes Handeln vorschnell und prinzipiell als Indiz einer Vergewaltigung des Menschen zu deuten. Die gibt es sicherlich auch – zumindest sind Menschen offensichtlich fähig, in bestimmten Zeiten gesellschaftliche Ansprüche gehäuft als Zumutungen negativ zu erleben. Solche Distanzhaltung gegenüber vorgegebenen Rollen bis hin zu dem Gefühl der Ohnmacht und Entfremdung zureichend zu erklären, dürfte nicht leicht sein. Hier stößt die Soziologie … auf gewisse Grenzen ihrer Erkenntnismöglichkeiten."

(Aus: Alfred Bellebaum: Soziologische Grundbegriffe. Eine Einführung für soziale Berufe. Stuttgart 1973, 3. Aufl., 73 f.)

Mat. 4 Unsere Gier nach Geschichten

„… Vielleicht sind es zwei oder drei Erfahrungen, was man hat, eine Angst, die tausend Bilder entwirft, und anderthalb Hoffnungen, die nicht abzutragen sind, Gefühle, die sich wie ein Rosenkranz wiederholen, dazu einige Eindrücke auf der Netzhaut, die sich kaum wiederholen, so daß die Welt zum Muster der Erinnerung wird, das ist es, dazu die hunderttausend Ansätze zu einem Gedanken, der eigen wäre, das ist es, was wir haben, wenn wir erzählen. Erlebnismuster – aber keine Geschichte, glaube ich, keine Geschichte! Geschichten gibt es nur von außen. Unsere Gier nach Geschichten, woher kommt sie? Man kann die Wahrheit nicht erzählen. Das ist's. Die Wahrheit ist keine Geschichte, sie hat nicht Anfang und Ende, sie ist einfach da oder nicht, sie ist ein Riß durch die Welt unseres Wahns, eine Erfahrung, aber keine Geschichte. Alle Geschichten sind erfunden, Spiele der Einbildung, Entwürfe der Erfahrung, Bilder, wahr nur als Bilder. Jeder Mensch, nicht nur der Dichter, erfindet seine Geschichten – nur daß er sie, im Gegensatz zum Dichter, für sein Leben hält – anders bekommen wir unsere Erlebnismuster, unsere Ich-Erfahrung, nicht zu Gesicht. Was ich meine:

Erfahrung ist ein Einfall, nicht ein Ergebnis aus Vorfällen. Der Vorfall, ein und derselbe, dient tausend Erfahrungen. Vielleicht gibt es kein anderes Mittel, um Erfahrung auszudrücken, als das Erzählen von Vorfällen, also von Geschichten: als wäre es die Geschichte, aus der unsere Erfahrung hervorgegangen ist. Es ist umgekehrt, glaube ich. Was hervorgeht, sind die Geschichten. Die Erfahrung will sich lesbar machen ..."

(Aus: Max Frisch: Gesammelte Werke in zeitlicher Folge. Band 4. 1957–1963. Frankfurt 1976, 262 f.)

Mat. 5 Über die Ich-Position des Erzählers

„Die Ich-Position des Erzählers: das ist eine Grundfrage der modernen Epik. Ganz vordergründig gesprochen: natürlich ist das Erzähler-Ich nie mein privates Ich, natürlich nicht, aber vielleicht muß man schon Schriftsteller sein, um zu wissen, daß jedes Ich, das sich ausspricht, eine Rolle ist. Immer. Auch im Leben. Auch in diesem Augenblick. Jeder Mensch (ich spreche jetzt nicht vom Schriftsteller, sondern von seinem Helden), jeder Mensch erfindet sich früher oder später eine Geschichte, die er, oft unter gewaltigen Opfern, für sein Leben hält, oder eine Reihe von Geschichten, die mit Namen und Daten zu belegen sind, so daß an ihrer Wirklichkeit, scheint es, nicht zu zweifeln ist. Trotzdem ist jede Geschichte, meine ich, eine Erfindung und daher auswechselbar. Man könnte mit einer fixen Summe gleicher Vorkommnisse, bloß indem man ihnen eine andere Erfindung seines Ichs zugrunde legt, sieben verschiedene Lebensgeschichten nicht nur erzählen, sondern leben. Das ist unheimlich ...
Was ich meine: jedes Ich, das erzählt, ist eine Rolle. Das ist es, was ich darstellen möchte. Jede Geschichte, die sich erzählen läßt, ist eine Fiktion ... Was wir in Wahrheit haben, sind Erfahrungen, Erlebnismuster. Nicht nur indem wir schreiben, auch indem wir leben, erfinden wir Geschichten, die unser Erlebnismuster ausdrücken, die unsere Erfahrung lesbar machen. Dabei glaube ich, und das ist entscheidend für die Möglichkeit der Darstellung: Erfahrung ist ein Einfall, nicht ein Ergebnis aus Vorfällen. Der Vorfall, ein und derselbe, dient hundert verschiedenen Erfahrungen. Offenbar gibt es kein anderes Mittel, um Erfahrung darzustellen, als das Erzählen von Geschichten: als wären es die Geschichten, aus denen unsere Erfahrungen hervorgegangen sind. Es ist umgekehrt. Die Erfahrung erfindet sich ihren Anlaß."

(Aus: Max Frisch in: Horst Bienek: Werkstattgespräche mit Schriftstellern. München 1962, 24 ff.)

Mat. 6 Zur Interpretation von Frischs Romanen

„Über Meinungsverschiedenheiten und widersprüchliche Anschauungen bei der Einschätzung seiner Romane kann sich Max Frisch wahrhaftig nicht beklagen. Die einen Kritiker klammern sich daran fest, daß er beinah ausschließlich mit individualpsychologischen, ja ‚existentiellen' Problemen ringe: sie murmeln düster von der Fremdheit, Angst und Einsamkeit seiner Gestalten; von der Mühe, die es diese Menschen koste, sich selber anzunehmen und ihr eigenes Leben zu leben; von ihrer Sucht nach Freiheit, allen Widerständen und Zwängen zum Trotz. Andere Kritiker hingegen versteifen sich auf das sogenannte Zwischenmenschliche, von dem Frisch bedrängt sei: sie, nicht minder düster, raunen von den Schwierigkeiten des Menschen, weniger sich selbst als vielmehr seinen Nächsten anzunehmen, mit ihm zu einer dauerhaften Begegnung, einem echten Verhältnis zu gelangen. Auch die gesellschaftliche Problematik bleibt dabei nicht außer acht. Bald heißt es, Frischs Schaffen werde beherrscht von den Spannungen zwischen dem isolierten, brüchig gewordenen Individuum und der modernen Gesellschaft, die dann in der Regel als eine Konstante erscheint; bald liegt das Gewicht umgekehrt auf den Mängeln und Übeln ebendieser Gesellschaft, die sich im Umbruch befinde und für die jeder individuelle oder gar existentielle Konflikt – vom Zwischenmenschlichen zu schweigen – lediglich Symptome liefere. Es ist, als seien ganze Riegen von kritischen ‚Kürmännern' aufmarschiert, um, nicht anders als Frischs Romanheld Gantenbein, Interpretationen anzuprobieren „wie Kleider" (*Mein Name sei Gantenbein.* 1964. S. 30). Nimmt man die biographischen Selbstzeugnisse dazu, die der Dichter im Lauf von rund vier Jahrzehnten immer wieder beigesteuert hat, so kompliziert sich dieses Spiel vollends.

Oder – bestünde vielleicht Frischs eigentliche Leistung, sein eigentlicher Beitrag zur Zeit- und Gesellschaftskritik im deutschsprachigen Roman des 20. Jahrhunderts, gerade in solch verwirrender Komplexität? Und wären demnach jene Unterschiede und Widersprüche, ja die gesamte Vielfalt und Bewegtheit jenes kritischen Kaleidoskops nicht so sehr willkürlich als ihrerseits symptomatisch? Wir wollen nicht vergessen, daß Frisch selber es war, der bereits im Vorwort zu seinem ersten Tagebuch ausdrücklich darauf hinwies, daß der Leser hier die „einzelnen Steine eines Mosaiks" vor sich habe und daß derlei „zumindest" beabsichtigt sei (*Tagebuch* 1946–1949. 1950, S. 7). Sollte dieser Wink etwa auch für Frischs Romane und letztlich für sein Schaffen überhaupt Geltung besitzen? (Daß er auf das *Tagebuch* 1966–1971 [1972], das zweite seiner Art, zutrifft, ist ohnehin offensichtlich.) Jedenfalls scheint es nicht ganz abwegig zu sein, viel eher naheliegend, bei der Untersuchung der Romane Max Frischs nach einem ähnlichen Prinzip zu verfahren und ein eigenes kleines Mosaik zu entwerfen ..."

(Aus: Reinhold Grimm in Verbindung mit Carolyn Wellauer, Max Frisch. Mosaik eines Statikers. In: Hans Wagener (Hrsg.): Zeitkritische Romane des 20. Jahrhunderts. Stuttgart 1975, 276f.)

Anhang

Anmerkungen

[1] Zum Begriff der Zeitgenossenschaft s. Geißler, Rolf: Prolegomena zu einer Theorie der Literaturdidaktik. Bestandsaufnahme – Kritik – Neuansatz. Hannover 1970, besonders 85 f.

[2] Goethe: Wilhelm Meisters Lehrjahre, 5. Buch, 3 Kapitel. Zit. n.: Heinemann, Karl (Hrsg.): Goethes Werke. Kritisch durchgesehene und erläuterte Ausgabe. Leipzig o.J. Meyers Klassiker-Ausgaben, 9. Band, 318

[3] Zu diesen Problemen siehe auch: Iser, Wolfgang: Die Appellstruktur der Texte. Unbestimmtheit als Wirkungsbedingung literarischer Prosa. Konstanz 1971, und siegfried j. schmidt: ästhetizität. philosophische beiträge zu einer theorie des ästhetischen. München 1971

[4] Zu diesem Problem siehe vor allem: Wintsch-Spiess, Monika: Zum Problem der Identität im Werk Max Frischs. Zürich 1965, sowie Weisstein, Ulrich: Stiller: Die Suche nach der Identität. In: Schmitz, Walter (Hrsg.): Über Max Frisch II. Frankfurt 1976, 245–265. Im folgenden zitiert als Schmitz

[5] Kohlschmidts Meinung: „Dem Beruf nach Bildhauer, jedoch nicht der Berufung nach, da ihm jeder Funke von Genialität mangelt", ist daher ebensowenig zu beweisen wie Hans Mayers Behauptung: „Stiller scheint im Gegenteil ein recht begabter Bildhauer zu sein." Werner Kohlschmidt, Selbstrechenschaft und Schuldbewußtsein im Menschenbild der Gegenwartsdichtung. In: Schau, Albrecht (Hrsg.): Max Frisch. Beiträge zu einer Wirkungsgeschichte. Freiburg 1971, 39. Mayer, Hans: Anmerkungen zu ‚Stiller'. In: Beckermann, Thomas (Hrsg.): Über Max Frisch. Frankfurt 1971, 2. Aufl., 35. Im folgenden zitiert als Beckermann

[6] Wintsch-Spiess: a.a.O., 91

[7] S. 54 f. über die Motivtechnik

[8] Hanhart, Tildy: Max Frisch: Zufall, Rolle und literarische Form. Kronberg 1976, 23

[9] Vgl. dazu Hanhart, Tildy: a.a.O., 8, ferner Schmitz, W. (Hrsg.): Materialien zu Max Frisch ‚Stiller'. 2 Bde. Frankfurt 1978, 63 ff.

[10] Ähnlich äußert sich Frisch in den *Werkstattgesprächen:* „Was ich meine: Jedes Ich, das erzählt, ist eine Rolle." Bienek, Horst: Werkstattgespräche mit Schriftstellern. München 1962, 25

[11] „Verkörpert das ‚Bild' die Erwartungen, Ansprüche und Zumutungen der Umwelt, so ist mit ‚Rolle' das Verhalten des Einzelnen gemeint, sofern es sich nach dem Bilde der andern richtet. Der Aufstand gegen das Bild und die Ablehnung der Rolle sind eins." Werner, Markus: Bilder des Endgültigen – Entwürfe des Möglichen. Zum Werk Max Frischs. Bern 1975, 36

[12] Vgl. dazu Schmitz, W.: (Hrsg.): Materialien zu Max Frisch „Stiller". 2 Bde., Frankfurt 1978, Suhrkamp TB 419, 63

[13] Jurgensen, Manfred: Max Frisch – Die Romane. Bern, München 1972, 65

[14] Mayer, Hans: Anmerkungen zu ‚Stiller'. In: Beckermann, 29

[15] Dieser Perspektivenwechsel wird von vielen Kritikern bedauert, so z.B. in Friedrich Dürrenmatts sonst emphatischer Kritik des Romans: „... siebzig Seiten, die nur darum nicht ganz verunglücken, weil sie im Schatten des Gelungenen,

Einmaligen stehen, ein nachträgliches und nebensächliches Entgleisen, eine Stilübung innerhalb der Tradition ..." Dürrenmatt, Friedrich: ‚Stiller'. Roman von Max Frisch. Fragment einer Kritik. In: Beckermann: a.a.O., 10

[16] Liersch, Werner: Wandlung einer Problematik. In: Beckermann: a.a.O., 80

[17] Jurgensen, Manfred: Max Frisch – Die Romane, a.a.O., 91

[18] In: Beckermann, 38

[19] Weisstein, Ulrich: Stiller: Die Suche nach der Identität. In: Schmitz, 246 f.

[20] Wintsch-Spiess, Monika: a.a.O., 77, 86

[21] Manger, Philip: Kierkegaard in Max Frisch's novel ‚Stiller'. In: German Life and Letters 20 (1966/67), 119–131

[22] Beckermann: a.a.O., 27

[23] –: a.a.O., 40

[24] –: a.a.O., 41

[25] Cunliffe, W. G.: Existentialistische Elemente in Frischs Werken. In: Schmitz: a.a.O., 169

[26] Werner Kohlschmidt hat auf diese Beziehung aufmerksam gemacht, indem er eine Parallele zwischen Stiller und Anton Reiser zieht, wobei er feststellt, daß letzterer im Gegensatz zum Menschen des 20. Jahrhunderts ein christliches Bewußtsein besitzt. Werner Kohlschmidt, Selbstrechenschaft und Schuldbewußtsein im Menschenbild der Gegenwartsdichtung, a.a.O., 40 ff.

[27] Manger: a.a.O., 126

[28] Kierkegaard, Sören: Die Krankheit zum Tode. Eine christlich-psychologische Entwicklung zur Erbauung und Erweckung. Bremen 1949, 71

[29] „So wähle denn die Verzweiflung, denn die Verzweiflung ist selbst eine Wahl ... Und indem man verzweifelt, wählt man wieder, und was wählt man da, man wählt sich selbst ..." Kierkegaard, Sören: Entweder – Oder, München: dtv 1975, 768

[30] Kierkegaard: Entweder – Oder, a.a.O., 773

[31] Kierkegaard: Entweder – Oder, a.a.O., 774

[32] Kierkegaard: Furcht und Zittern / Die Wiederholung. Jena 1923, 3. Aufl., 137

[33] Manger, Philip: a.a.O., 121 f.

[34] Kaiser, Joachim: Max Frisch und der Roman. Konsequenzen eines Bildersturms. In: Beckermann, 48 f.

[35] Weisstein, Ulrich: Stiller: Die Suche nach der Identität, In: Schmitz. a.a.O., 257 f.

[36] Merrifield, Doris Fulda: Das Bild der Frau bei Max Frisch, Freiburg 1971, 55 f.

[37] In: Beckermann: a.a.O., 33.

[38] Jens, Walter: Erzählungen des Anatol Ludwig Stiller. In: Beckermann: a.a.o., 20 f.

[39] Dürrenmatt, Friedrich: „Stiller", Roman von Max Frisch. Fragment einer Kritik. In: Beckermann: a.a.O., 13

[40] Jurgensen, Manfred: Max Frisch – Die Romane. Interpretationen. Bern 1972, 74.

[41] Jurgensen: a.a.O., 80

[42] Jurgensen: a.a.O., 83

[43] Steinmetz sieht in der mexikanischen Lebensform die Darstellung eines rollenlosen Daseins um den Preis der Entindividualisierung. Steinmetz, Horst: Max Frisch: Tagebuch, Drama, Roman. Göttingen 1973, 50 ff.

[44] Dies geht auch aus der Schilderung seiner ersten Eindrücke nach der Landung

hervor, wo es heißt: „Ich sah die Prärie, die Schlächtereien von Chikago ... etc." und doch verfolgt ihn auch hier der Gedanke an seine „grazile Balletteuse" (338 f.).

[45] Karlheinz Braun hat in einer scharfsinnigen Analyse darauf aufmerksam gemacht, daß sich hinter der Schilderung des Staatsanwalts eigentlich das Erlebnis Stillers verbirgt. Karlheinz Braun: Die epische Technik in Max Frischs Roman „Stiller" als Beitrag zur Formfrage des modernen Romans. Diss. Frankfurt 1959, 147 ff.

[46] In: Frisch, Max: Öffentlichkeit als Partner. Frankfurt 1967, ed. Suhrkamp 209, 25 ff.

[47] Frisch, Max: Tagebuch 1946–1949. Frankfurt 1958, 411, s. dazu auch Schmitz, W. (Hrsg.): a.a.O., 65

[48] Frisch, Max: Mein Name sei Gantenbein. Roman. Frankfurt 1967 (Suhrkamp Hausbuch), 8, s. auch Schmitz, W. (Hrsg.): a.a.O., 66

[49] Steinmetz: Max Frisch: Tagebuch, Drama, Roman, a.a.O., 47

[50] Frisch, Max: Rip van Winkle. Hörspiel. Stuttgart Reclam 1975, UB 8306

[51] Steinmetz: Max Frisch: Tagebuch, Drama, Roman, a.a.O., 48

[52] Braun, Karlheinz: Die epische Technik in Max Frischs Roman ‚Stiller' als Beitrag zur Formfrage des modernen Romans. Diss. Frankfurt 1959, 59

[53] Steinmetz: a.a.O., 45 u. 53

[54] Jurgensen: a.a.O., 92 f.

[55] In: Schmitz: a.a.O., 261

[56] Franzen, Erich: Über Max Frisch. In: Beckermann: a.a.O., 70.

[57] In: Beckermann, a.a.O.: 7 ff.

[58] Jens, Walter: Erzählungen des Anatol Ludwig Stiller. In: Beckermann, a.a.O., 16 ff.

[59] Braun, Karlheinz: Die epische Technik in Max Frischs Roman „Stiller" als Beitrag zur Formfrage des Romans. Diss. Frankfurt 1959

[60] Ders.: a.a.O., 34, 75

[61] Jurgensen meint, die sieben Hefte der Aufzeichnungen entsprächen keineswegs zufällig den sieben Wochentagen der Schöpfungsgeschichte (a.a.O., 63). Dieser Meinung liegt seine Auffassung zugrunde, Stiller sei der Schöpfer seiner selbst; im Text findet sich jedoch kein Hinweis, der die Gleichsetzung der sieben Hefte mit den sieben Schöpfungstagen rechtfertigt.

[62] Siehe dazu Boerner, Peter: Tagebuch. Sammlung Metzler 85, Stuttgart 1969, 42 ff.

[63] Boerner: a.a.O., 51

[64] Mit dieser Problematik beschäftigt sich vor allem Horst Steinmetz in den ersten Kapiteln seines Buchs. Steinmetz: a.a.O., 12 ff.

[65] In: Beckermann: a.a.O., 11

[66] Frisch, Max: Tagebuch 1946–1949. Frankfurt 1950, 22

[67] Stanzel, Franz K.: Typische Formen des Romans. Göttingen 1964, 31 ff.

[68] In: Beckermann: a.a.O., 17

[69] Steinmetz, Horst: a.a.O., 36

[70] In: Beckermann: a.a.O., 12

[71] Ausrufungszeichen v. Verf.

[72] Tagebuch 1946–1949, a.a.O., 293 f.

[73] Braun, Karlheinz: a.a.O., 34 und 75

[74] Steinmetz, Horst: a.a.O., 59

[75] Butler, Michael: Das Problem der Exzentrizität in den Romanen Frischs. In: Arnold, Heinz Ludwig (Hrsg.): Text+Kritik. Max Frisch. 26, Anm. 4

[76] Jurgensen: a.a.O., 76. Jurgensens Behauptung bezieht sich wohl mehr auf den Stil des Berichts, denn auch Jurgensen weist auf die Grenzen Rolfs hin und meint, daß seinen Ausführungen Stiller gegenüber „immer etwas kategorisch Anmaßendes" anhafte (ebd.).

[77] Auch die Religiosität, als deren konsequenter Verfechter Rolf in den Gesprächen mit Stiller auftritt, scheint uns nicht ganz glaubhaft, zum mindesten durch sein Verhalten früher nicht motiviert.

[78] Es ist merkwürdig, daß der Roman mit diesem Termin über das Jahr seines Erscheinens – 1954 – hinausreicht.

[79] Brauns Einteilung in 5 Zeitebenen, die von dem Verhältnis der Zeit zum Bewußtsein des Tagebuchschreibers ausgeht, wobei die „Grenzen verwischt, sie selber miteinander kombiniert werden", scheint uns sehr kompliziert und für die Interpretation nicht sonderlich ergiebig zu sein. Braun: a.a.O., 118

[80] Siehe dazu Steinmetz, a.a.O., S. 52f.

[81] Eine psychoanalytische Deutung dieser Kindheitserlebnisse gibt Gunda Lusser-Mertelsmann in ihrem Buch: Max Frisch. Die Identitätsproblematik in seinem Werk aus psychoanalytischer Sicht. Stuttgart 1976, 62

[82] Braun, Karlheinz: a.a.O., 95

[83] Braun spricht hier von „Vorausdeutungen", a.a.O., 103ff. Da diese Ereignisse aber, vom Zeitpunkt des Erzählens her gesehen, in der Vergangenheit liegen, scheint uns dieser terminus hier nicht präzis zu sein.

[84] Diesen Aspekt hat besonders Dürrenmatt betont. In: Beckermann: a.a.O., 12

[85] Der Schwierigkeit, nach dem *Zauberberg* ein Lungensanatorium in Davos zu beschreiben, begegnet Frisch, indem er selbst darauf hinweist: „Es ist genau so, wie Thomas Mann es beschrieben hat" (67). Tatsächlich ergeben sich eine Reihe von Parallelen, angefangen vom „höllische(n) Geschmack von Ewigkeit" (143) bis hin zu dem jungen Jesuiten – halb Settembrini, halb Naphta –, der Julika unterhält und belehrt und ihr ihr Röntgenfoto zeigt. Literatur im Zeitalter der Reproduktion?

[86] Heissenbüttel, Helmut: Max Frisch oder Die Kunst des Schreibens in dieser Zeit. In: Beckermann: a.a.O., 63

[87] Kaiser, Joachim: Max Frisch und der Roman. Konsequenzen eines Bildersturms. In: Beckermann: a.a.O., 50

[88] Schenker, Walter: Die Sprache Max Frischs in der Spannung zwischen Mundart und Schriftsprache. Berlin 1969

[89] Ebd., 55ff.

[90] Schenker, Walter: a.a.O., 91. Das Beispiel Schenkers, daß sich White bereits durch die Übertragung des Wortes „Cervelat" als „Bierwurst" als Schweizer verrate, erscheint uns allerdings nicht überzeugend. Schenker: a.a.O., 115

[91] Jurgensen hat darauf aufmerksam gemacht, daß „dumm" statt „stumm" ein Druckfehler ist, der sich an dieser Stelle in mehrere Auflagen eingeschlichen hat. Jurgensen: a.a.O., 99f.

[92] Schenkers Meinung, daß Stiller hier zu stammeln beginne, scheint mir allerdings nicht überzeugend belegt; s. Schenker: a.a.O., 116

[93] Man wird hier schon an das Spiel erinnert, das Walter Faber mit Sabeth spielt, wobei die prosaischen Vergleiche meist von ihm stammen.

[94] Zu dieser Beschreibung siehe die Analyse von Karlheinz Braun: a.a.O., 147 ff.
[95] s. Braun: a.a.O., 150
[96] Diese Stelle ist teilweise aus früheren Werken übernommen. S. dazu Walter Schenker: a.a.O., 150
[97] Es fällt auf, daß gerade diese beiden Personen typisch schweizerische Namen tragen, obwohl die ihnen zugeschriebene Geisteshaltung gewiß nicht auf die Schweiz beschränkt ist.
[98] Zur Ironie im zweiten Heft vgl. auch S. 25 u. 45 dieser Arbeit
[99] Diese ideologisch nicht festgelegte Offenheit machen Reinhold Grimm und Carolyn Wellauer Frisch gerade zum Vorwurf. Grimm, Reinhold u. Wellauer, Carolyn: Max Frisch. Mosaik eines Statikers. In: Wagener, Hans (Hrsg.): Zeitkritische Romane des zwanzigsten Jahrhunderts. Stuttgart 1975, bes. 280
[100] s. dazu: Bauer, Elisabeth: Max Frischs „Stiller". Vorschläge zur Erarbeitung im Unterricht. In: Schmitz, Walter (Hrsg.): Materialien zu Max Frischs ‚Stiller'. 2 Bde., Frankfurt 1978, Bd. 2, 624

Literaturverzeichnis

Gesamtdarstellungen und Sammelbände (in Auswahl)

Bänziger, H.: Frisch und Dürrenmatt. Bern 1971, 6. Aufl.
Beckermann, Th. (Hrsg.): Über Max Frisch. Frankfurt 1971, 2. Aufl. (mit ausführlicher Biographie)
Jurgensen, M.: Max Frisch. Die Romane. Bern 1972
Schau, A. (Hrsg.): Max Frisch. Beiträge zu einer Wirkungsgeschichte. Freiburg 1971
Schmitz, W. (Hrsg.): Über Max Frisch II. Frankfurt 1976 (mit ausführlicher Bibliographie)
Stäuble, E.: Max Frisch. Ein Schweizer Dichter der Gegenwart. Versuch einer Gesamtdarstellung seines Werkes. St. Gallen 1967, 3. Aufl. (mit ausführlicher Biographie)
Steinmetz, H.: Max Frisch. Tagebuch, Drama, Roman. Göttingen 1973
Text und Kritik. Zeitschrift für Literatur. H. 47/48: Max Frisch. Oktober 1975 (mit ausführlicher Bibliographie)
Werner, M.: Bilder des Endgültigen. Entwürfe des Möglichen: Zum Werk Max Frischs. Bern 1975

Zu einzelnen Problemen bei Frisch

Bänziger, H.: Zwischen Protest und Traditionsbewußtsein. Arbeiten zum Werk und zu der gesellschaftlichen Stellung Max Frischs. Bern 1975
Beckermann, Th.: „Einmal möchte er es wissen". Zur Ästhetik des Engagements im Prosawerk von Max Frisch. In: Arnold, H. L. (Hrsg.): Text und Kritik. H. 47/48: Max Frisch. München 1975, 27–36
Bienek, H.: Werkstattgespräche mit Schriftstellern. München: Hanser, 1962
Butler, M.: Das Problem der Exzentrizität in den Romanen Frischs. In: Arnold, H. L. (Hrsg.): Text und Kritik 47/48: Max Frisch. München 1975, 13–26

Dahms, Erna M.: Zeit und Zeiterlebnis in den Werken Max Frischs. Bedeutung und technische Darstellung. Berlin 1976

Grimm, R. und C. Wellauer: Max Frisch. Mosaik eines Statikers. In: Hans Wagener (Hrsg.): Zeitkritische Romane des 20. Jahrhunderts. Stuttgart 1975, 276–300

Hanhart, T.: Max Frisch. Zufall, Rolle und literarische Form. Kronberg 1976

Heissenbüttel, H.: Max Frisch und die Kunst des Schreibens in dieser Zeit. In: Beckermann, Th.: a.a.O., 54–68

Hinderer, W.: „Ein Gefühl der Fremde". Amerikaperspektiven bei Max Frisch. In: Bauschinger, S.; Denkler, H.; Malsch, W. (Hrsg.): Amerika in der deutschen Literatur. Neue Welt – Nordamerika – USA. Stuttgart 1975, 353–367

Kaiser, J.: Max Frisch und der Roman. Konsequenzen eines Bildersturms. In: Beckermann, Th.: a.a.O., 43–53

Kieser, R.: Max Frisch – das literarische Tagebuch. Frauenfeld 1975

Lusser-Mertelsmann, G.: Max Frisch. Die Identitätsproblematik in seinem Werk aus psychoanalytischer Sicht. Stuttgart 1976

Merrifield, D. F.: Das Bild der Frau bei Max Frisch. Freiburg 1971

Schenker, W.: Die Sprache Max Frischs in der Spannung zwischen Mundart und Schriftsprache. Berlin 1969

Wintsch-Spiess, M.: Zum Problem der Identität im Werk Max Frischs. Zürich 1965

Zum „Stiller"

Braun, K.: Die epische Technik in Max Frischs Roman „Stiller" als Beitrag zur Formfrage des modernen Romans. Diss. Frankfurt 1959

Dürrenmatt, F.: ‚Stiller', Roman von Max Frisch. Fragment einer Kritik. In: Beckermann, Th.: a.a.O., 7–15

Franzen, E.: Über Max Frisch, darin: „Stiller" oder der gescheiterte Traum vom neuen Ich. In: Beckermann, Th.: a.a.O., 69–76

Jens, W.: Erzählungen des Anatol Ludwig Stiller. In: Beckermann, Th.: a.a.O., 16–23

Kohlschmidt, W.: Selbstrechenschaft und Schuldbewußtsein im Menschenbild der Gegenwartsdichtung. Eine Interpretation des „Stiller" von Max Frisch und der „Panne" von Friedrich Dürrenmatt. In: Schau, A. (Hrsg.): a.a.O., 36–46

Mayer, H.: Anmerkungen zu „Stiller". In: Beckermann, Th.: a.a.O., 24–42

Manger, Ph.: Kierkegaard in Max Frisch's novel ‚Stiller'. German Life and Letters 20 (1966/67), 119–131

Pfanner, H.: Stiller und das „Faustische" bei Max Frisch. In: Schau, A. (Hrsg.): a.a.O., 47–58

Schmitz, W. (Hrsg.): Materialien zu Max Frisch „Stiller". 2 Bde., Frankfurt 1978, suhrkamp TB 419

Weisstein, U.: Stiller. Die Suche nach der Identität. In: Schmitz, W.: a.a.O., 1976, 254–267

Zeittafel zu Leben und Werk

1911	Geburt am 15. Mai in Zürich. Vater: Franz Bruno Frisch (Architekt), Mutter: Karolina Bettina (geb. Wildermuth)
1924	Eintritt ins Kantonale Realgymnasium Zürich
1930	Matura
1931	Beginn des ersten Studiums (Germanistik); erste Veröffentlichung in einer Zeitung
1932	Tod des Vaters; Abbruch des Studiums, freie Zeitungsmitarbeit
1933	Erste Auslandsreise: Prag, Budapest, Belgrad, Istanbul, Athen, Rom
1935	Erste Reise nach Deutschland
1936	Beginn des zweiten Studiums (Architektur) an der Eidgenössischen Technischen Hochschule Zürich
1938	Conrad-Ferdinand-Meyer-Preis der Stadt Zürich
1939	Militärdienst als Kanonier (sporadisch bis 1945)
1941	Architektur-Diplom und Anstellung
1942	Erster Preis in einem Architektur-Wettbewerb und Eröffnung eines eigenen Büros. Eheschließung mit Constanze von Meyerburg (Scheidung 1959)
1944	Dramenpreis der Emil-Welti-Stiftung
1948	Erste Begegnung mit Bertolt Brecht
1949	Eröffnung des Schwimmbads Letzigraben in Zürich
1950	Ehrengabe der Schweizerischen Schillerstiftung
1951	Rockefeller Grant for Drama; erste Reise in die Vereinigten Staaten
1955	Auflösung des Architekturbüros; Wilhelm-Raabe-Preis der Stadt Braunschweig. Schiller-Preis der Schweizerischen Schillerstiftung, Schleußner-Schueller-Preis des Hessischen Rundfunks
1956	Welti-Preis für das Drama der Stadt Bern, Fördergabe der Stiftung Pro Helvetia
1957	Charles-Veillon-Preis
1958	Georg-Büchner-Preis, Literaturpreis der Stadt Zürich
1962	Ehrendoktor der Philipps-Universität Marburg, Großer Kunstpreis der Stadt Düsseldorf
1964	Stipendium der Ford-Foundation
1965	Literaturpreis der Stadt Jerusalem, Schiller-Gedächtnispreis des Landes Baden-Württemberg
1966	Erste Reise in die Sowjetunion
1968	Eheschließung mit Marianne Oellers (Scheidung 1979)
1974	Großer Schiller-Preis der Schweizerischen Schillerstiftung
1975	Kurze Reise nach China
1976	Friedenspreis des Deutschen Buchhandels
1979	Ehrengabe aus dem Literaturkredit des Kantons Zürich (abgelehnt)
1982	Ehrendoktor der City University of New York
1987	Ehrendoktor der Technischen Universität Berlin

Romane und Erzählungen

1934	*Jürgen Reinhart. Eine sommerliche Schicksalsfahrt.* Roman
1937	*Antwort aus der Stille.* Eine Erzählung aus den Bergen

1943	*J'adore ce qui me brûle oder Die Schwierigen.* Roman
1954	*Stiller.* Roman
1957	*Homo faber.* Ein Bericht
1964	*Mein Name sei Gantenbein.* Roman
1971	*Wilhelm Tell für die Schule*
1974	*Dienstbüchlein*
1975	*Montauk.* Eine Erzählung
1979	*Der Mensch erscheint im Holozän.* Eine Erzählung
1982	*Blaubart.* Eine Erzählung

Dramen

1945	*Bin oder Die Reise nach Peking*; erste Theaterpremiere: *Nun singen sie wieder.* Versuch eines Requiems
1946	*Santa Cruz. Die Chinesische Mauer* (Premieren)
1948	*Als der Krieg zu Ende war.* Schauspiel (Premiere)
1951	*Graf Öderland.* Ein Spiel in zehn Bildern (Premiere)
1953	*Don Juan oder Die Liebe zur Geometrie.* Komödie in fünf Akten (Premiere)
1958	*Biedermann und die Brandstifter.* Ein Lehrstück ohne Lehre (Premiere)
1961	*Andorra.* Stück in zwölf Bildern (Premiere)
1968	*Biografie: Ein Spiel*
1978	*Triptychon. Drei szenische Bilder* (Buchausgabe)

Sonstige Publikationen

1940	*Blätter aus dem Brotsack. Tagebuch eines Kanoniers*
1947	*Tagebuch mit Marion*
1950	*Tagebuch (1946–1949)*
1967	*Öffentlichkeit als Partner.* Enthält: *Festrede, Kultur als Alibi,* u.v.m.
1972	*Tagebuch 1966–1971*
1976	*Gesammelte Werke in zeitlicher Folge.* 6 Bde. Hrsg. von Hans Mayer unter Mitwirkung von Walter Schmitz
1983	*Forderungen des Tages:* Portraits, Skizzen, Reden 1943–82